Karl Johaentges  Jackie Blackwood

# Bilder aus Neuseeland

Die deutsche Bibliothek – CIP-Einheitsaufnahme

**Bilder aus Neuseeland** / Karl Johaentges;
Jackie Blackwood
1. Aufl. – Hannover: KaJo-Verl., 1994
ISBN 3-925544-19-4
NE: Karl Johaentges; Jackie Blackwood

Alle Rechte der Vervielfältigung und Verbreitung
liegen beim Verlag und bei den Autoren
© Karl Johaentges; Jackie Blackwood

Gestaltung und Handschrift: Karl Johaentges
Text: Jackie Blackwood, Karl Johaentges
Korrekturen: Gertrud Kortlang, Barsinghausen
Karten: Liselotte Lüddecke, Hannover
Lithografie: ScanKo + BUSY, Hannover
Druck: Druckhaus E. A. Quensen, Lamspringe

Printed in Germany
ISBN 3-925544-19-4
1. Auflage 1994

*Leica*-Foto

KaJo-Verlag, Hannover
Sortimentsauslieferung:
Deutschland: ILH GeoCenter, Stuttgart
Schweiz: Buch 2000 c/o AVA, CH-8910 Affoltern
Österreich: Freytag & Berndt, A-1071 Wien

# Vorwort

Wir hatten keinen ‚professionellen' Grund, wieder nach Neuseeland zu fliegen. Unser Bildband *Neuseeland*, den wir vor neun Jahren fotografiert und geschrieben hatten, verkaufte sich auch in der 4. Auflage noch gut. Aber *Love* ist immer eine gute Ausrede für irgendwelche Verrücktheiten. Jawohl, wir lieben dieses Neuseeland und das allein war Grund genug, zurückzukehren.

Eine ‚Jugendliebe' nach so vielen Jahren wiederzusehen, ist eine heikle Angelegenheit. Alte Erinnerungen sind übermächtig, oft romantisch verklärt und Enttäuschungen vorprogrammmiert. Vor allem, wenn so viele um die ‚Angebetete' buhlen. Neuseelands Tourismus boomt. 1985 zählte die Jahresstatistik 600 000 Touristen aus aller Welt, davon 11 000 Deutsche. 1993 kamen schon 56 000 Deutsche und insgesamt über 1,1 Millionen Urlauber ans andere Ende der Welt. Nach neun Jahren flogen wir also mit ein wenig Herzklopfen um den halben Erdball, und unsere Erwartungen waren hochgesteckt. Um es kurz zu machen: wir wurden nicht enttäuscht – trotz der steil ansteigenden Touristenzahlen. Sicherlich, in Queenstown und in Rotorua entladen noch mehr Reisebusse ihre Fracht in die Touristenläden mit farbigen Schaffellen, Wollsocken, Kiwi-Skulpturen und anderem Nippes im Angebot. Aber das hatte uns schon damals nicht gelockt.

Abseits der Touristenhochburgen hatte sich unsere ‚Liebe' erstaunlich wenig verändert. Zugegeben, Wanderrouten, die damals noch als ‚Geheimtip' gehandelt wurden, gelten heute (nach neuseeländischen Maßstäben) schon überlaufen. Gemessen an deutschen Verhältnissen wirken sie immer noch fast menschenleer. Vermißt haben wir auch die wunderbaren Autoveteranen, die uns 1986 noch zahlreich begegnet sind. Sie haben sich wohl aus Altersgründen dem Verkehr entzogen und meist japanischen Modellen Platz gemacht. Aber die wilden Schotterpisten von damals sind gottlob immer noch nicht asphaltiert.

Unübersehbar verändert hat sich das kulinarische Angebot am anderen Ende des Globus. In unserem Bildband *Neuseeland* spotteten wir noch genüßlich über das phantasielose Essen der *Kiwis,* über den Einheitskäse (*Cheddar mild, medium* und *extra tasty*) und die *Pies*. Unsere *Gegenfüßler* sind dabei, uns bezüglich Gourmetstandard mit Schwung zu überholen. Selbst in kleinen Ortschaften findet man heute ein Café, in dem köstliche Quiches, Salate und Cappucino auf der Karte stehen. Da trauert man fast dem Verschwinden der *Tea Rooms* (mit den oft fürchterlichen Pies und dem guten englischen Tee) nach.

Diejenigen, die unser ‚Neuseeland' im Bücherregal haben, werden einige Bilder in diesem Buch wiedererkennen. Sie waren beim besten Willen nicht besser zu fotografieren. Auch Erlebnistexte vergangener Begegnungen haben wir übernommen und mit Neuerlebtem verwoben. Wir ließen uns wieder ‚planmäßig' treiben, folgten Zufällen, Einladungen und Überraschungen am Straßenrand – eine Reise *off the beaten track* und ein wenig abseits der vielpublizierten Attraktionen. Mit unseren Bildern und Reiseschilderungen möchten wir Sie sogar von der breiten Spur der Reiseführer weglocken. Denn das selbstentdeckte Neuseeland abseits der Hauptstraßen ist immer noch das schönste. Manchmal geht's auch auf Trampelpfade. Im übertragenen wie im wörtlichen Sinn. Begleiten Sie uns auf unseren Wanderungen durch Regenwälder, über Strände und durch Lavawüsten dieses Naturparadieses.

Mit den Augen des Nachbarn und des Antipoden, teils spontan, teils geplant, doch ohne den Zwang der Vollständigkeit, haben wir versucht, ein Bild von diesem Inselpaar im Südpazifik zu zeichnen. Ein Mosaik von zufälligen ‚Fundsachen', Eindrücken und Bildern. Vor allem visuell, denn mit Worten ist dieses Land der Gegensätze und Superlative schwer zu erfassen.

Unser Lese-Bilderbuch ist weder Erlebnis- noch Reiseführer. Wir möchten Sie einfach durch die Landschaften und den Alltag *am anderen Ende der Welt* ‚führen' und Ihnen auch Ereignisse und Menschen näherbringen, die Ihnen im Reisealltag kaum begegnen würden: die Hirten der *Garvie Mountains*, die ‚Chopper Boys' der *Fjordlands*, den Maler Hundertwasser in der *Bay of Islands* oder die Maori-Rastafari am *East Cape*.

Auf eines möchten wir Sie zum Schluß ausdrücklich hinweisen: Unsere Lesereise beginnt auf der Nordinsel und endet dort, wo wir Europäer *Nieuw Zeeland* entdeckten: am Nordzipfel der Südinsel. Die Bilderreise hingegen beginnt mit dem höchsten Berg, dem *Aorangi*, dem ‚Wolkendurchbrecher' – dort, wo der Legende nach die ersten Einwanderer aus Polynesien ihre neue Heimat erblickten: das *Land der langen weißen Wolke*. Und sie endet am *Cape Reinga*, dem nördlichsten Punkt Neuseelands. Das ist Absicht. Wir bieten Ihnen somit zwei ‚unabhängige', erlebnisreiche Reisen – genießen Sie beide.

Hannover, im Oktober 1994

Karl Johaentges
Jackie Blackwood

Gletscher schufen den Doubtful Sound, Fjordland

# Reisen zu den Antipoden

Nach 30 Stunden im Jumbo ist es einfach unmöglich, nicht darüber zu reden. Neuseeland beginnt in 12 000 Meter Höhe ohnehin schon vor Hawaii. Über den Screen im Air New Zealand-Jumbo flimmern Videos von Thermalpools, gefährdeten Vogelarten, Wasserfällen und Gletschern. Natur zuhauf. Bronzefarbene Stewardessen und Stewards servieren preisgekrönte neuseeländische Weine und fragen lächelnd, ob ich „fush or chucken" zum Dinner will.

Wie all' die anderen Deutschen hier im Flieger sind wir auf der Flucht vor dem Winter, verstopften Stadtautobahnen und Vorstadtzügen und fiebern einem Naturparadies am anderen Ende der Welt entgegen, abseits von Umweltdreck und Zivilisationskrankheiten.

Unsere Sitznachbarn kommen aus Invercargill, einer Kleinstadt am Südzipfel Neuseelands. Sie haben vier Wochen Blitzreise durch Europa hinter sich, schwärmen von den Museen und der Metro in Paris, von der deutschen Autobahn und dem Hofbräuhaus. In Los Angeles steigen weitere *Kiwis* zu, meist Familien, die Kids mit Mickey Mouse und grellen T-Shirts, beladen mit Disney-Paraphernalia. Ausreißversuche aus der Isolation im Pazifik.

Vor acht Jahren hatten wir die gleiche lange Reise hinter uns gebracht, und ich erinnere mich genau an unsere Ankunft in Wellington. Endlich mal wieder Smalltalk in meiner Muttersprache. Doch kaum hatten wir unsere 30-Kilo-Rucksäcke in den trotz LPG-Gasflasche noch geräumigen Kofferraum eines alten Holden gewuchtet, stellte der angegraute Fahrer im Karoanzug schon die fast rituelle Frage: „Where do you come from?" Sein starker Akzent ließ unschwer seine Herkunft erraten, und wir wechselten schnell ins Deutsche. Nach der zweiten Ampel hatte Michael die Unterhaltung fest im Griff, erzählte die klassische Auswanderergeschichte: seine Flucht aus dem deutschsprachigen Rumänien, die Nachkriegsjahre in Europa, die lange Seefahrt ans andere Ende der Welt.

Irgendwann erreichten wir die Innenstadt. Ja, dort! – neben dem alten Parlaments-

Taxifahrer Michael, Bilder aus dem Leben

gebäude – dort hatte er die ersten Jahre als Kellner in einem Lunchrestaurant gearbeitet, dort, wo auch der Ministerpräsident mal im Stehen seinen *pie* hinunterschlang. Wir lauschten den Erzählungen über seinen Pomeraner Hund, der ein Küken ausbrütete, sowie seinen unglaublichen Jagdgeschichten. An jeder roten Ampel zog Michael weitere vergilbte Zeitungsartikel und abgegriffene Familienfotos aus immer neuen Spalten seines Holden. Dokumente eines Lebensstils, dem Traum vom eigenen Häuschen und einer kleinen *bach* (Wochenendhütte) irgendwo am *Cape Palliser*, der für ihn schon in Erfüllung gegangen ist.

Dieses Mal landeten wir in Auckland. Ich fühle mich wirklich klein, als ich lese, daß der Flughafen nach *Jean Batten* benannt ist, der ersten Frau, die von Großbritannien nach Australien geflogen war. 1936 hatte die Flugpionierin nach 11 Tagen die Antipoden erreicht – mit einer stoffbespannten *Gypsy Moth* aus Sperrholz. Und wir fühlen uns schon nach 30 Stunden Halbschlaf, vier Spielfilmen und fünf Mahlzeiten kaputt.

Unsere erste Nacht verbringen wir in einem kleinen Hotel in Parnell. Die Eigentümer des ‚Ascot Parnell', Bart und Therese, sind Neueinwanderer, Holländer. Bart, einst hochdotierter Computerfachmann, hat die Welt der Bytes und Bits hinter sich gelassen und serviert uns wunderbaren Frühstücksjoghurt, Muesli und starken Kaffee.

Was tun, wenn man nach 30 Stunden jetlag-geplagt aus dem Jumbo steigt? Bereits am zweiten Tag entfliehen wir dem (wenn auch angenehm kosmopolitischen) Großstadtgedränge Aucklands, suchen Ruhe und finden sie – kaum 40 Kilometer von Neuseelands heimlicher Hauptstadt entfernt – an der Westküste. Die einstündige Fahrt durch die von Urwäldern überwucherten *Waitakere Ranges* hält, was dieses Outdoor-Paradies am anderen Ende der Welt verspricht: Natur zuhauf.

Hier an der Westküste wurden auch die Strandszenen von Jane Campions *Das Piano* gedreht. Da sucht man unwillkürlich nach dem Klavier – aber Sie wissen ja: es wurde am Ende des Films im Meer versenkt. Dafür gibt's traumhafte Badestrände. *Piha*, Aucklands beliebtester Surfstrand, zum Beispiel.

Das erste Bad enttarnt uns als *Loopies*, ein weniger liebevoller Ausdruck für frisch angekommene Touristen. Unsere weiße Winter-

haut hebt uns am schwarzen Strand ab wie Polarbären in einer Kohlenmine. Schwimmen ist nur zwischen den bunten Markierungsfahnen der Rettungsschwimmer empfohlen. Aber den Mut, uns an jenem Tag wie die Surfboys aus Auckland in die haushohen Wellenberge der stürmischen *Tasman Sea* zu stürzen, bringen wir nicht auf. Die Zeitungen vom Vortag hatten von riesigen *freak waves* berichtet, die urplötzlich aus der Weite der Tasman Sea kamen, Fischer von den Felsen spülten und die Surfer überraschten. Am vergangenen Wochenende retteten die *Life Saver* 49 Leute aus den Wellenbergen, 1200 Rettungsaktionen wurden im letzten Sommer registriert.

Da fahren wir lieber ein paar Kilometer nach Norden. *Muriwai*. Sein schwarzer Lavasandstrand mißt 50 Kilometer Länge, die Klippen beherbergen eine sehr seltene Festland-Brutkolonie von Baßtölpeln. Auf einer hölzernen Plattform kann man sich den Nestern bis auf wenige Meter nähern – aber diese superaerodynamischen Segler tun so, als gäb's uns nicht.

Zurück in Auckland. Der Januar ist ein heißer Sommermonat in der südlichen Hemisphäre. Die Neuankömmlinge fallen durch krebsrote Gesichter auf, die Wissenden tragen breite Strohhüte. Experten behaupten glaubhaft, daß das Ozonloch über Neuseeland kaum größer sei als über Hamburg, nur die Luft sei sauberer. Uns schützt – Ironie unserer Lebensweise – unsere eigene Luftverschmutzung vor den gefährlichen UV-Strahlen.

Auckland liegt auf einer schmalen Meerenge zwischen zwei Ozeanen, und man bemerkt erst beim Blick auf die Karte, daß diese Stadt zweigeteilt ist, eingeschnürt, im Osten vom *Waitemata Harbour* und dem *Pazifischen Ozean*, im Westen vom flachen *Manukau Harbour* und der *Tasmansee*.

‚Cosmopolitan' Auckland ist unumstrittene Königin des Landes. Ein ‚San Francisco des Südpazifiks'; das wie ein Los Angeles über die Landenge von *Tamaki* wuchert. Im Umkreis von 40 Kilometern der City leben mehr als ein Viertel der neuseeländischen Bevölkerung – etwa so viele wie auf der Südinsel – angelockt von guten Arbeitsplätzen, Sonne, milden Wintern und einem idealen Freizeitangebot. Vorsichtige Schätzungen sprechen von 70 000 Segel- und Motorjachten, die in den geschützten Buchten Aucklands liegen. Statistisch hat also jeder 4. Haushalt in dieser *City of Sails* einen schwimmenden Untersatz. Während der schweren Wirtschaftskrise 1987 wurde aus der ‚Stadt der Segel' im ironischen Wortspiel die *City of Sales* (Stadt im Ausverkauf).

Der letzte Montag im Januar ist *Anniversary Day Regatta*. Ursprünglich diente er dazu, die Gründung Aucklands 1841 durch Gouverneur Hobson zu feiern. Heute wird an diesem Tag dem Wind gehuldigt. In 40 Klassen segeln über 1000 Boote um die Wette, und der Hafen wimmelt nur so von Segeln. Im Januar hält ein weiteres Segelereignis die Auckländer in Atem. Die Segelsuperlative überhaupt, das *Whitbread Round The World Yacht Race*. In diesem Jahr werden die ersten der High-Tech-Jachten nach Mitternacht des 23. Januar erwartet. Camper, Jeeps und Busse säumen die Straßen in Sichtweite vom Hafen. Zehntausende harren entlang der Hafenkais bis in den frühen Morgen aus, um ‚ihr' Boot, die heimische Rennjacht *Endeavour*, mit frenetischem Beifall zu empfangen. Hatte sie doch noch auf den letzten Meilen die führende Jacht *Tokio* ausgestochen.

Am Überseeanleger der *Princes Wharf* liegt die *Queen Elizabeth II*, der Welt größter Luxusliner und überragt selbst das *Ferry Building*, in dem wir uns zum Lunch verabredet haben. Während die 1800 Passagiere für ein paar Stunden in die Shoppingarkaden strömen, sammeln sich Hunderte von Schaulustigen am Ferry Pier. Lunchtime-Jogger drängeln sich im Slalom durch die Menschenmassen der Queen Street. Die Hauptstraße der Nation ist alles andere als *royal* und allein schon bei dem Gedanken an sie bekommen viele Neuseeländer Platzangst. Es gab vor Jahren sogar den verzweifelten Versuch, die Fußgängerströme durch eine Linie auf dem Gehsteig zu trennen. Heute haben sich die meisten Kiwis an die Menschenmassen gewöhnt.

Diese Angst ist eigentlich erstaunlich, denn Neuseeland ist eine der urbansten Gesellschaften der Erde, nur 14 % der Bevölkerung lebt auf dem Lande. Und nur ein Bruchteil der Neuseeländer arbeitet in der Landwirtschaft – die Mehrheit fährt im Verkehrsstau zum Büro, zur Fabrik oder zur Verwaltung.

Trotzdem, das Image vom *„good keen bloke"* (einem ganzen Kerl), dem Schaffarmer im dunkelblauen Unterhemd oder im rotkarierten Wollhemd, mit Shorts und Gummistiefeln, ist selbst unter Kiwis nicht totzukriegen. Nur am Wochenende oder in den berüchtigten großen Ferien (von Weihnachten bis Ende Januar) ‚überschwemmen' die Städter mit Kind und Kegel die Strände, die Bergseen und Nationalparks, ziehen sich in ihr Wochenendhaus, die *bach*, zurück, tragen Shorts und selten rotkarierte Hemden.

Das Image unserer *Gegenfüßler* in Europa ist tatsächlich immer noch das einer hinterbänklerischen, puritanisch-konservativen Nation. Auch die Australier nennen sie wenig schmeichelhaft ‚Vettern vom Lande'. Schön ist er tatsächlich nicht, der echte Kiwi, dieser kugelige, halbblinde und flugunfähige Nachtvogel, nach dem sich die Neuseeländer scherzhaft (und eigentlich selbstbewußt) nennen. Aber die Angst, hinten von der Weltkarte heruntergefallen zu sein, bevor es der Rest der Welt überhaupt gemerkt hat, ist längst überwunden. Die Kiwis sind selbstbewußt geworden. Sie haben die lähmende

Auckland, „City of Sails"

Wirtschaftskrise der 80er Jahre überwunden und beobachten nun gelassen, wie wir Europäer versuchen, aus unserem Wirtschaftstief herauszuklettern.

Dennoch, getrieben von der Erkenntnis der begrenzten Möglichkeiten dieses isolierten ‚Paradieses' im Südpazifik, verlassen mehr Kiwis ihre Heimat, als sich Neuankömmlinge durch den engen Türspalt der Einwanderungsbehörden pressen. „No future?" Es sind vor allem junge Neuseeländer, der akademische Nachwuchs, Musiker, Designer, Wissenschaftler, denen ein Land mit 3,5 Millionen Menschen und 60 Millionen Schafen weder Geld noch Karriere versprechen kann und die nun ihr Glück in der Ferne (Australien, Großbritannien, Asien) suchen.

Auckland trug den Titel *Capital* nur wenige Jahre. Zu Zeiten der Walfänger war Russell in der Bay of Islands *New Zealand's* versoffene ‚Metropole'. Und nachdem der erste Gouverneur der Krone, William Hobson, 1840 vierzig Maori-Häuptlinge mit dem ‚Vertrag von Waitangi' zum Beitritt ins Commonwealth überreden konnte, wurde die Hauptstadt 1865 (nicht zuletzt wegen der Goldfunde auf der Südinsel) ins zentrale Wellington verlegt.

Für die rivalisierenden Maori-Stämme im Norden war der natürliche Hafen, die weitverzweigten Buchten um Auckland, über Jahrhunderte hinweg Streitobjekt gewesen. Das trug ihr den Namen *Tamaki makau rau* ein: die ‚Braut mit den hundert Liebhabern'. 1841 kaufte Gouverneur Hobson die Braut für einen Spottpreis von 56 Pfund in Gold, Äxten, Metalltöpfen, Decken, Tabak, Pfeifen, sowie einem Sack Mehl und Zucker.

Heute ist Auckland ein faszinierendes Völkergemisch, ein multikultureller Schmelztiegel von Polynesiern, Indern, Chinesen, Maori und Pakehas (Weiße) aller Nationen. Während des akuten Arbeitskräftemangels nach dem II. Weltkrieg kamen den Neuseeländern die vielen neuen Einwanderer von den Pazifischen Inseln wie gerufen. Die *Islander* schickten ihre Ersparnisse nach Hause, das Geld lockte wiederum weitere Verwandte zu den Kiwis. Eine oft zitierte Statistik verrät, daß 82 % der Bewohner der Pazifikinsel *Niue* in Neuseeland und nur 18 % auf ihrer Heimatinsel leben. Insgesamt beläuft sich die Zahl der Polynesier in Neuseeland auf 4 % der Bevölkerung. Zwei Drittel, über 80 000 Insulaner, leben in Auckland. Zusammen mit den 99 000 Maori ist Auckland die größte polynesische Stadt – wenn man es denn so rassenspezifisch sehen muß.

*Karangahape Road* am Südende der Queens Street ist der ‚Broadway' für die Bewohner *Tongas, Fijis, Samoas* und der *Cook Islands*. Frische Tintenfische und anderes exotisches Getier, Papayas, Mangofrüchte, Bananen, Kumara-Kartoffeln quellen ausladend aus den kleinen indischen Shops, die zwischen Airline-Büros, Strip-Lokalen und Restaurants eingekeilt sind. Beim Inder stehen wir auch in der Schlange, um uns mit Curry und Basmatireis einzudecken. Und zum Lunch trifft sich die Szene im ‚Verona Café', umgeben vom Kitsch der 60er Jahre sowie einer Sammlung grell orangefarbener Blumenvasen.

Werktags geht's in der *K-Road* eher bunt zu, gemütliche Matronen in bunten Gewändern und Hibiskusblüten schlendern entlang ausladender Geschäfte – Südseeatmosphäre.

*Luxusliner QE2 vor dem Ferry Building*

Gegenüber sind die Pubs voll mit Marathontrinkern, in den kleinen steilen Nebengassen liegen unscheinbar die Kirchen der Insulaner – umgebaute Lagerhallen oder alte Kinos. Die missionierten Polynesier nehmen den ihnen einst aufgeschwatzten Glauben weit ernster als ihre weißen Glaubensbrüder.

Das Zeichen draußen verkündet immer noch ‚Theatre', aber die *Ekalesia Faapotopotoga Congregational Church of Jesus* hat das alte Kino renoviert und in ein Haus Gottes umfunktioniert. Am Sonntagvormittag fahren überladene Kleinwagen vor, denen – das erstaunt mich – ebenso viele Männer wie Frauen entsteigen. Die Frauen in Weiß oder auch farbenfrohen Blumenmustern mit fantasievollen, breitkrempigen Hüten. Schließlich kommt auch der Pfarrer an. Ein Mann wie ein Wal, mit Jacket und Krawatte zum weißen Hemd, das er über dem Sarong trägt, als Fußbekleidung gelbe Plastikslipper.

Die alten Ladies in Weiß besuchen oft zwei Messen an einem Sonntagvormittag, dann folgen Gesangsandacht und die Sonntagsschule der Kinder. Das Weiß der Frauen, ihr melodischer Südseegesang und das anschließende Kommunionsbankett scheinen selbst den dunkelsten und schäbigsten Versammlungsraum in eine helle Kirche zu verwandeln. Für ein paar Stunden scheinen sie, die *underclass*, in einer anderen Welt, vergessen sind Arbeitslosigkeit, die Monotonie der Fabrikarbeit und die Geldnot.

Die hohe Arbeitslosigkeit der Polynesier liefert hochbrisanten sozialen und ethnischen Zündstoff, ein aufkeimender Rassismus ist auch in Neuseeland nicht zu übersehen. Trotzdem – verglichen mit den meisten Ländern auf dem Globus (und nur daran kann man es messen) ist Neuseeland heute eher ein positives Beispiel von Rassenintegration und friedlichem Zusammenleben verschiedener Kulturen. Ich kenne kein anderes Land, in dem die Heirat zwischen Partnern unterschiedlicher Rassen (mit so entgegengesetzter kolonialer Erfahrung) derart problemlos ist, wie in Neuseeland.

Die Zeiten der Depression und auch die Geschichte haben gezeigt: das soziale Klima dieses Inselstaates ist milder als in unseren Breitengraden. In der Isolation des Südpazifiks entwickelte sich die Kolonie unserer Antipoden egalitärer als die Gesellschaft, welche die Einwanderer hinter sich gelassen hatten. Es ist sicher kein Zufall, daß diese Nation der Einzelgänger und Do-it-yourself-Typen schon 1877 die allgemeine Schulpflicht (für Kinder aller Rassen) einführte, 1879 allen erwachsenen Männern (Pakeha wie Maori) das Wahlrecht gewährte, 1890 als zweites Land (nach dem US-Bundesstaat Wyoming) den Frauen das Wahlrecht zugestand und dort, früher als anderswo, heute selbstverständliche Sozialgesetze verabschiedet wurden.

## Ausflug in die Geschichte

Vor kaum mehr als 200 Jahren waren uns Pakehas diese beiden ‚immergrünen' Inseln in der südlichen Hemisphäre noch unbekannt. 1642 war der Holländer Abel Tasman, auf der Suche nach dem legendären Südkontinent *Terra australis incognita*, bis zum 49. südlichen Breitengrad vorgedrungen. Dann segelte er nach Osten, entdeckte *Diemensland* (heute Tasmanien), stieß am 13. Dezember des gleichen Jahres auf ein weiteres Festland und segelte entlang der stürmischen Westküste bis zum Nordzipfel der Südinsel. In der Annahme, es handle sich um einen riesigen, mit Südamerika verbundenen Kontinent, nannte er dieses Festland *Staten Landt*. Als Jahre später andere Seefahrer bewiesen, daß es eine solche Landverbindung nicht geben könne, taufte man die Insel *Nieuw Zeeland*.

Diesen Namen behielt auch der britische ‚Entdecker' James Cook bei, als er 1769 mit seiner *Endeavour* südlich vom heutigen Gisborne in der Poverty Bay landete und als erster Europäer *Aotearoa*, ‚das Land der langen weißen Wolke', betrat. Die Eingeborenen nannten die weißen Neuankömmlinge *pakeha*, was im übertragenen Sinne ‚Weißhaut', genauer übersetzt, jedoch weniger schmeichelhaft ‚Weiße Rübe' oder auch ‚Langes Schweinefleisch' bedeutet. Sich selbst gaben die Ureinwohner in Abgrenzung zu den Neuankömmlingen den Namen *maori*, die ‚Ursprünglichen', die ‚Eigentlichen'.

Die Vorfahren der Maori waren nur 800 Jahre früher mit Doppelrumpfbooten aus Ost-Polynesien in dieses isolierte Paradies der Pflanzen und Vögel gekommen, in dem es außer zwei Fledermausarten keine Säugetiere gab. Die Historiker sprechen von mehreren Einwanderungswellen bis ins 15. Jahrhundert. Die Legende berichtet von den ‚Sieben Kanus', auf die noch heute jeder Maori seinen Stammbaum zurückführt.

Einige Jahrzehnte nach dem Landgang Cooks folgten die ersten weißen Siedler, zuerst Walfänger, dann Händler und in ihrem Gefolge Schnapsverkäufer und Missionare. Die Walfangstation *Kororareka*, später Russell, galt zu jener Zeit als ‚Höllenloch des Pazifiks'.

Die Expansion immer neuer Siedlerwellen verwandelte den ursprünglich friedlichen Handel zwischen den Maori und Pakehas in Haß und Krieg. Und so versammelten sich am 6. Februar 1840 in der *Bay of Islands* mehrere hundert Maori, unter ihnen zahlreiche Häuptlinge, vor der britischen Residenz. Sie waren in hoher Aufregung, fast im Aufruhr. Unaufhaltsam wälzten sich neue Siedlerströme über ihr Land. Die Maori ahnten den Verlust ihrer Würde, fürchteten Sklaverei und Ausrottung, wie sie vom Schicksal der Aborigines in Tasmanien gehört hatten. Was tun? War es nach all' den Jahren nicht schon zu spät, die Weißen gewaltsam aus dem Land zu treiben? War das gegen die übermächtigen Feuerwaffen überhaupt möglich? Waren Handel und Friede nicht die bessere Lösung? Hörte sich der Glaube dieser Christen nicht vernünftig und gerecht an?

Am nächsten Tag saßen sich in *Waitangi* die Vertreter der Krone, Offiziere in Gala-Uniformen, und die Häuptlinge der Maori in langen, leuchtenden Flachstüchern und braunen plustrigen Federmänteln gegenüber. Vierzig Chiefs setzten schließlich ihr Zeichen auf einen Bogen Papier und unterschrieben damit die offizielle Annexion Neuseelands durch das *British Empire*. Nun waren sie ‚gleichberechtigte' Mitglieder des Commonwealth. Dieser mit Königin Victoria geschlossene Bund, der *kawenata* (abgeleitet von dem der Bibel entliehenen Begriff Konvent), wie die Chiefs ihn nannten, versprach den Maori, daß alle noch in ihrem Besitz befindlichen Ländereien, Wälder und Küstenstreifen ihr Eigentum bleiben würden, und daß nur die Staatsmacht der Krone Land kaufen dürfe. In der Realität hielten sich die Weißen kaum daran. Die meisten Siedler lachten über den mit ‚nackten Wilden geschlossenen Vertrag', der Landraub wurde nur abgebremst. 1860 hatten die weißen Siedler die Maori an Zahl schon überholt, 1892 waren zwei Drittel der Nordinsel im Besitz europäischer Einwanderer.

Vergleicht man das Schicksal der Maori mit dem der Indianer oder Aborigines, so war diese Kolonialisierung per Vertrag (auch wenn er selten eingehalten wurde) sicher ein großer Fortschritt. Der Vertrag scheiterte jedoch schon an der Übersetzung und an den unterschiedlichen Begriffen von Eigentum und Landbesitz. Die Maori kannten nur Nutzungsrechte und konnten nicht zwischen dem Besitz und dem endgültigen Verlust von Eigentum unterscheiden.

Seit fast zwei Jahrzehnten unternehmen die Neuseeländer sogar den Versuch, diesen Vertrag neu zu definieren. 1975 brachte Matui Rata, Minister für Maori-Angelegenheiten, einen folgenreichen Gesetzentwurf ein: Eine unabhängige Regierungskommission, das *Tribunal von Waitangi*, prüft seitdem alle Fälle widerrechtlicher Landnahme und fällt immer wieder spektakuläre und sehr umstrittene Entscheidungen zugunsten der Maori: Fischereirechte und Ländereien wurden wieder an die alten Stämme zurückgegeben.

Ausgesprochen friedlich sind auch die Maori nie gewesen. Ihre häufigen Kriege, gewichtiger Teil des Stammeslebens, waren im Grunde Teil eines permanenten gegenseitigen Landraubs und erscheinen aus heutiger Sicht oft mehr als sportliche Leistung, denn als Reaktion auf tatsächliche Beleidigungen oder Gebietsansprüche. Gefangene wurden verspeist oder als Sklaven verschleppt. Solange der Krieg mit Steinkeulen und Holzknüppeln ausgetragen wurde, war er vergleichbar folgenlos. Erst als die weißen Siedler die nördlichen Stämme gezielt mit Feuerwasser und Feuerwaffen belieferten und einige Stämme zur Begleichung alter Rechnungen nach Süden zogen, begann ein bis dahin unvorstellbares Gemetzel. Alkohol, Infektionskrankheiten und das Wüten der Regierungstruppen taten ein übriges. Um 1900 war die Zahl der Maori von 140 000 auf 40 000 geschrumpft.

*Maoriskulptur im Auckland Museum*

Auch 150 Jahre nach dem *Vertrag von Waitangi* ist der Jahrestag bis heute Brennpunkt der Diskussion über die koloniale Geschichte des Landes. Während die weiße Bevölkerung ihn als die Geburtsurkunde der Nation feiert, bedeutet er für die Maori eine schlimme Niederlage.

1994 kamen außergewöhnlich viele Maori mit Bussen und Pkws aus allen Teilen des Landes, um die Einhaltung des Vertrages durch die Pakehas einzuklagen. Nicht der Generalgouverneur, sondern Prince Charles persönlich war gekommen, um als Vertreter der Krone an der Zeremonie teilzunehmen. Es war auch das erste Mal, daß Maori-Demonstranten das Recht gegeben wurde, einem Mitglied der königlichen Familie eine formale Protestnote zu überreichen. Nachdem 70 Krieger den britischen Thronfolger mit dem *haka*, dem traditionellen Kriegstanz begrüßt hatten, übergab Mike Smith, Nachkomme einer Maori-Dynastie, die Aufforderung „Honour the Treaty!" Zwei Prinzen rieben sich offensichtlich respektvoll die Nasen.

Die *Bay of Islands* mit 800 Kilometer Küstenlinie, ihren 150 Inseln und unzähligen Buchten, hat immer wie ein Magnet auf uns Menschen gewirkt. *Kupe*, der mystische Vorfahre der Maori, soll hier (vom Reich der Vorfahren *Hawaiki* kommend) seine neue Heimat *Aotearoa* betreten haben. Auch Captain Cook warf in den geschützten Buchten Anker – Stützpunkt für die Besiedlung Neuseelands.

Hier im Norden ‚bastelt' ein Österreicher, mittlerweile Neuseeländer, an einem Identitätssymbol der Kiwis, der Nationalflagge. Vor dem Haus Friedensreich Hundertwassers und auf der *Regentag*, einem altgedienten sizilianischen Salzschiff, mit dem der Maler zu den Antipoden gesegelt war, flattert schon die Alternative: ein sich entrollendes buschgrünes Farnblatt auf weißem Grund. Stehen wir auf historischem Boden? Für Hundertwasser ist das keine Frage.

„Die Flagge symbolisiert das Alte und Neue, Geschichte und Fortschritt zugleich", schreibt er in seinem Manifest und Bekenntnis zur Farnspirale, „wie ein sich entfaltender Farntrieb, wie eine Welle der Natur, wie eine sich entfaltende Flagge. Es ist das Symbol einer wachsenden Nation, repräsentiert die Tradition der Maori, ... das Grün des Landes, ... ist eine wahre Botschaft Neuseelands an die Welt."

Seine Flagge weht seitdem vor trendbewußten Restaurants und Touristenshops, aber ob sich der Maler mit seiner eigenwilligen Idee letztlich durchsetzen kann, steht noch in den Sternen. Eigentlich sind die Chancen nicht schlecht, denn auch der Nachbar Australien hat eine neue Fahne angekündigt. Wer kann schon die Flaggen Neuseelands und Australiens auseinanderhalten? *Union Jack* und *Kreuz des Südens* auf blauem Grund – sie unterscheiden sich nur durch die Zahl der Sterne: sechs für Australien, vier für Neuseeland.

Da verwundert es, daß die Kiwis, ansonsten um ein neues Image bedacht, nicht von selbst auf das Farnmotiv gekommen sind. Es bietet sich geradezu an. Seit jeher werden die Neuseeländer mit dem Farnblatt identifiziert, *Tommy Fernleaf* wurden die Kiwi-Soldaten im Ersten Weltkrieg von ihren Alliierten gerufen. Im Zeichen des Farns verkauft der Inselstaat heute Exportartikel, fliegt die staatliche Fluggesellschaft. Für die Maori ist die Farnspirale *koru* seit Jahrhunderten zentrales Schmuckelement. In ihren Holzschnitzereien und in der Kunst der Gesichtstätowierung *moko* sind 45 Varianten dieses Spiralmotivs bekannt.

Auch die Tatsache, daß Friedensreich Hundertwasser den Farn als Symbol für die Flagge wählt, überrascht nicht. Seit den 50er Jahren zieht sich, beeinflußt von Gustav Klimt, das Motiv der Spirale wie eine besessene Liebe durch die Bilder des Malers, spiegelt seine antimechanische und „Zurück-zur-Natur"-Philosophie, seine Suche nach der Ursprünglichkeit des Lebens wider.

„Eine neue Fahne? Unmöglich!", war die Reaktion von alten Kriegsveteranen in *Kaitaia*, denen wir die Fahne am *Anzac-Day* unter die Nase hielten. „Wir haben unter dieser Fahne das Commonwealth verteidigt, zu viele von uns haben unter dem ‚Union Jack' ihr Leben lassen müssen. Sowas kann man nicht einfach abschaffen!" Vielleicht war der von Patriotismus getränkte Gedenktag an die Gefallenen der Weltkriege der falsche Tag für eine solche Umfrage unter neuseeländischen Senioren. „...zu viele Leben gelassen!" Ich hatte mich immer schon über die zahllosen steinernen Kriegsgefallenen-Denkmäler gewundert, die in diesem friedlichen Land fernab der Kriegsschauplätze Einzug ins kleinste Dorf gefunden haben. Aber die Kiwis verloren in den beiden Weltkriegen mehr Soldaten pro Kopf der Bevölkerung als „Mutter" England, die sie gerufen hatte.

Bis zum Ersten Weltkrieg hatten nur wenige Kiwis ihr Land verlassen, nun eilten sie in Scharen als Soldaten nach Europa. Viele betrachteten die Reise in den Krieg als angenehme Überseereise und willkommenes Abenteuer. *Anzac-Day* ist ein Feiertag in Neuseeland, ein Gedenktag an die Gefallenen der Weltkriege und im besonderen an die Opfer der Schlacht von Gallipoli. Am 25.4.1915 wurde fast das gesamte *Australia and New Zealand Army Corps* auf einer Halbinsel der Dardanellen in einen selbstmörderischen Angriff gegen türkische Einheiten geschickt und regelrecht verpulvert. 8587 Anzac-Soldaten fielen an diesem einen Tag, 25 000 kehrten als Krüppel zurück. Neuseeländer gegen Türken. Wer von ihnen wußte schon, wo des anderen Land überhaupt lag? Kriegswahn „at its best", den der australische Regisseur Peter Weir in seinem bewegenden Film *Gallipoli* verarbeitet hat.

## Northland

Auf der langen, einsamen Straße von *Kaitaia* hinauf zum *Cape Reinga* würde die Ortschaft *Te Kao* („trockene Kumara") kaum auffallen, wäre da nicht die kleine Holzkirche, das Gotteshaus einer christlichen Maori-Sekte. Die beiden von Stern und Halbmond gekrönten Türme *Arepa* und *Omeka* sind dem griechischen Alpha und Omega entlehnt – Anfang und Ende. 1918 stellte sich *Tuhupotiki* nach einer Vision als Medium Gottes vor, predigte gegen den Aberglauben seines Volkes und wollte sein Volk zum wahren Christentum und Jehova bekehren. *Ratana,* ein kleiner Ort, 23 Kilometer südöstlich von Wanganui, entwickelte sich bald zu einem Wallfahrtsort und ist bis heute Zentrum einer religiösen Gemeinschaft, welche die Maori über traditionelle Stammesbarrieren hinweg vereinigt und auch im Parlament vertritt. Obwohl in ihren Kirchen jegliche Maori-Kunst, z. B. Schnitzereien und Wandbilder verbannt sind, unterscheidet sie sich deutlich von anderen christlichen Kirchen, die meist im Stil der europäischen Kirchenmütter errichtet sind.

1986 trafen wir hier in *Te Kaha* eine bezaubernde alte Dame, Kerewai Conrad. Sie unterrichtete Schulkinder und arbeitslose Frauen im Flechten und fertigte nebenbei Taschen für die Souvenirläden Aucklands. „Das Flechten ist bei uns eine Sache der Frauen, aber die jungen Maori-Frauen zeigen heute kein Interesse mehr daran, sie rauchen lieber Zigaretten", klagte Kerewai, „es sind meist die weißen Pakeha-Frauen, die heute das Flechten lernen wollen oder in Auckland mit unseren Taschen zum Einkaufen gehen. Unsere Mädchen gehen mit der Plastiktüte zum Supermarkt." Mit vor Vitalität blitzenden Augen erklärte sie uns die Kunst des Flechtens mit Flachs und dem hier im Norden beliebten *pingao*, Strandgras.

Flachshandel war einst ein blühender Wirtschaftszweig auf Neuseeland. James Cooks Botaniker gab dem lanzenförmigen Faserkraut – offensichtlich von den Webkünsten der Maori beeindruckt – den lateinischen Namen *Phormium tenax*, was soviel wie ‚starker Korb' bedeutet. Von den weltweit über 100 Flachsarten galt diese nur in Neuseeland und auf den Norfolk Inseln vorkommende Art als besonders stark, fand vor allem für Taue Verwendung und lockte schon in den ersten Jahren der weißen Besiedlung viele Flachshändler hierher.

116 Kilometer nördlich von Kaitaia endet der zuletzt unasphaltierte Highway. Wir haben *Cape Reinga*, Neuseelands ‚nördlichsten' Punkt, erreicht. Vom Leuchtturm ist deutlich auszumachen, daß hier die Wellenberge des Pazifiks auf ihre Schwestern von der Tasmansee prallen. Ein paar Schilder weisen mit Kilometerangaben vage in die Richtung des Äquators, nach Sydney, London, Panama und Suva – und das Gefühl, am anderen Ende der Welt zu stehen, ist nicht zu unterdrücken.

*Reinga* bedeutet ‚Jenseits'. Für die Maori war das Cape das Ende der irdischen Welt. Hier starteten die Seelen ihrer Verstorbenen die letzte Reise zurück in die Urheimat *Hawaiki*, irgendwo in Polynesien. Genaugenommen begann die Seelenreise nach Sonnenuntergang im Wurzelwerk eines alten *Pohutukawa*-Baumes, der sich einen außergewöhnlichen Platz auf einem Felsvorsprung über der Brandung ausgesucht hatte. Die Seelen kamen über den *Ninety Mile Beach* und hatten an einem kleinen Fluß noch einmal die Chance, sich anders zu entscheiden – zurückzukehren in den vielleicht nicht tödlich kranken Körper oder für immer dieses Land zu verlassen.

Wir haben hier oben allerdings irdische Probleme. Karl gehört zu jener Sorte Autofahrer, denen das Tanken nur bei völlig leerem Tank sinnvoll erscheint. Er wußte zwar von dem Mangel an Zapfsäulen im äußersten Norden, hatte aber den Spritverbrauch falsch berechnet. Und so verlassen wir das Cape mit rot flackernder Benzinleuchte. Mindestens 50 Kilometer vor uns und die quälende Frage: wo werden wir stehenbleiben? (Reservekanister sind in Neuseeland nicht erlaubt.) Die Devise heißt Benzin sparen, und so schaltet Karl an jedem Gefälle den Motor aus, um ihn nach dem Ausrollen wieder mit der Kupplung zu starten.

Wir schweigen. Ich aus Wut. Karl, weil er vermutlich glaubt, daß jedes verschwendete Wort auch den Benzinverbrauch erhöhen könnte. Zu allem Unglück ist im Autoradio nur ein schwacher Regionalsender zu empfangen. Und der sendet ausgerechnet Rennberichte vom Turf, endlose Litaneien ohne Betonungen, ein unverständliches, sich steigerndes Wortstakkato.

Pferderennen sind überall in der Welt, besonders im wettfreudigen Neuseeland, ein Millionen-$-Geschäft. Es gibt 71 Rennstrecken für unsere 3,5 Millionen Antipoden, die alljährlich 800 Millionen Dollar auf Pferde verwetten. Wenn auf den Rängen die Zuschauer mit nervöser Leidenschaft den Rennverlauf nach Pferdelängen messen, drehen Zehntausende zwischen *Invercargill* und *Kaitaia* ihr Radio lauter. Die Wetten sind längst im offiziellen TAB-Büro oder bei illegalen Buchmachern abgeschlossen. Nun hängen sie sich alle an die galoppierende Stimme des Reporters aus dem Lautsprecher, die sich vor dem Ziel zu einem superschnellen, sich überschlagenden, ineinandergezogenen Wortinferno steigert, um dann mit feststehendem Sieger langsam wieder auszutraben.

Die Region *Waikato* südlich von Auckland ist ‚Horse Country'. Das milde Klima, üppi-

ge Weiden und die jodhaltige Seeluft bieten ideale Zuchtbedingungen. Und an den weiten Sandstränden der Westküste Waikatos werden die Einjährigen auf Sieg getrimmt.

Einmal im Jahr trifft sich die millionenschwere Hippo-Gemeinde in *Karaka*, um auf den *Yearling Sales* die Sieger von morgen einzukaufen. Schon am ersten Tag der Zwei-Tages-Auktion wurden 180 Rennpferde im Gesamterlös von über 10 Millionen Dollar versteigert. Trotz (oder wegen) seiner 23 Jahre ist der Zuchthengst *Sir Tristram* vom *Cambridge*-Gestüt zur Zeit der Superstar. 85 Stuten, so der Rechenschaftsbericht, begattete der Rentner 1993, davon 74 erfolgreich. Solche Vitalität lockt Käufer. Des Sirs Nachkommen erzielen Spitzenpreise von 275 000 NZ$.

Neuseelands Ruf als Pferde-Eldorado begann 1929. Der Hengst *Phar Lap*, den ein schlauer Australier hier gekauft hatte, wurde zu einem der erfolgreichsten Rennpferde aller Zeiten und gilt auch nach seinem mysteriösen Tod als Legende.

Als 1990 die Stute *Kiwi* als Außenseiterin nach einem dramatischen Endspurt den Melbourne Cup gewann, wurden Pferd wie auch der bis dahin namenlose Züchter über Nacht zu Nationalhelden. Sie waren einfach von *nowhere* aufgetaucht und hatten die millionenschweren Rennställe geschlagen. Nun sind fast vier Fünftel der Bieter Australier, leicht an ihren Williamshüten und den Stiefeln zu erkennen. Und nachdem ein neuseeländisches Pferd 1989 den Japan Cup gewann, kommen auch Japaner und Chinesen, um alle weiblichen Verwandten *Horlicks* aufzukaufen.

# Coromandel

60 Kilometer südlich von Auckland biegen wir links ab auf die Landstraße nach Thames und zur Halbinsel *Coromandel*. Als sich 1867 die Meldung von Goldfunden in Coromandel in Windeseile über andere Kontinente verbreitete, kamen die Glücksritter in Scharen: Amerikaner, Australier, Chinesen. Gold zieht sich wie ein Faden durch die ersten Jahre der weißen Besiedlung Neuseelands: Otago, Westküste, Coromandel. Den Maori waren diese ‚gelben' Steine immer gleichgültig gewesen. Sie standen mehr auf Grün, unternahmen monatelange Expeditionen zu den *Greenstone*-Vorkommen der Südinsel und führten Kriege um diesen jadeähnlichen Stein.

Thames ist einer dieser Orte, den das Gold quasi über Nacht auf die Landkarte gesetzt hatte, um ihn Jahre später wieder in geruhsame Bedeutungslosigkeit zurückzustoßen. Von den hundert Hotels von damals haben in Thames gerade sechs die Zeiten überlebt. Als wir – Thames hinter uns lassend – kurz vor Sonnenuntergang über einen kleinen Paß hinunter in die Coromandel-Bucht fahren, liegt der *harbour* mit seinen zahllosen Inseln fast regungslos, fast wie zu Eis erstarrt, zu unseren Füßen. Im nächsten Moment vergleichen wir die Inselwelt schon mit dahinschmelzenden *marshmallows* in einer Riesenschale von Himbeergelee. Aus der Ferne flimmern die Lichter der Großstadt Auckland über die Bay. Unser Wohnmobil erlaubt uns zu bleiben, irgendwo auf einem kleinen Parkplatz über der Bucht. Zum Dinner gibt's frisches Barschfilet, Salzkartoffeln, Blumenkohl und Buttersauce. Zum Nachtisch Eis: *Hokey Pokey!*

Die Halbinsel ist ironischerweise nach der *HMS Coromandel* benannt, einem Frachtsegler, der hier mit Kauristämmen und anderem Holz beladen wurde. Denn einst waren die Bergkämme der Halbinsel von dichten Wäldern bedeckt. Eine Armee von Holzfällern brachte die Baumriesen zu Fall, flößte sie auf mit Baumstämmen kunstvoll angestauten Bächen zur Küste und hinterließ einigen wenigen Farmern einen Kahlschlag für die Viehweiden.

Heute ist Coromandel Heimat für Maler, Holzschnitzer, Weber und andere Lebenskünstler geworden, die in versteckten, selbstgebauten Häusern oder in Kommunen irgendwo im Buschland leben. Das milde, winterlose Klima, die Abgeschiedenheit und die nur halbtägige Entfernung zur Weltstadt Auckland machen den Reiz der Halbinsel aus.

Hinter der Ortschaft Coromandel, familiär auch *Coro* genannt (die Kiwis lieben klingende Abkürzungen), wird der Asphalt immer spärlicher und nach Colville verschwindet er ganz. Warnschilder verkünden das Fehlen von Zapfsäulen und das Verbot, die Straße zum *Cape Colville* mit Mietwagen zu befahren. Knorrige *Pohutukawa*-Bäume überspannen nun wie lebende Portale die zunehmend enger und holpriger werdende Küstenstraße. Im Dezember sollen sich die roten Blüten dieser Bäume fast magisch gegen das tiefe Blau des Himmels abheben, um Wochen später wie zur Begrüßung der zahllosen Urlauber einen dicken Blütenteppich über die Schlaglöcher der ohnehin schon malerischen Küstenstraße zu legen.

Auch die Halbinsel Coromandel will uns nicht mehr loslassen. Es sind nicht nur die stillen Buchten an der *Cathedral Cove* oder der heiße schwarze Sandstrand des *Hot Water Beach*, es sind vor allem die Menschen hier.

In einem Seitental nahe dem Städtchen Coromandel frönt Barry Brickell seiner Berufung und seinem Hobby: einer privaten Eisenbahn. Seit fast zwei Jahrzehnten baut er an einer mehrere Kilometer langen Schmalspurbahn durch den selbstgepflanzten Dschungel seines Grundstücks. Ursprünglich diente die Bahn dem Zweck, Ton und Feuerholz zu seinem Workshop und Wohnhaus zu transportieren. 1986 schleppte seine *Diesel Mouse* auch mal eine Kindergeburtstagsparty aus der Nachbarschaft im Zickzack über zehn Meter hohe Holzbrücken ‚à la River Quai' durch den dichten Farnwald. Heute ist die Minibahnstrecke

*Cathedral Cove, Coromandel*

*Driving Creek Railway* eine Touristenattraktion mit Busparkplatz und Eiswagen.

Irgendwo an der Ostküste südlich von *Whitianga* rät uns ein Schild zum Anhalten: „Süße Maiskolben, frische Äpfel und Pflaumen – *Wilderland organic products*". Beim Abwiegen des Obstes kommen wir mit Dan ins Plaudern: über den Geschmack organischen Gemüses, über Umweltverschmutzung, über das Leben im besonderen und allgemeinen. Der 75jährige Gründer der *Wilderland Community* ist seit einem schweren Traktorunfall in den 50er Jahren querschnittsgelähmt.

Auch heute hält ihn seine Behinderung nicht ab, mit einem umgebauten alten Ferguson-Traktor auf extrem steilen Wegen über das Gelände zu fahren. Bevor man das über den Busch verstreute ‚Dorf' und das Gemeinschaftshaus erreicht, muß man an einem unübersehbaren Schild vorbei: „No drugs – no tobacco – no alcohol" sind die eisernen Grundregeln der Community, die sich dem biologischen Landbau und der Völkerverständigung verschrieben hat.

„Eigentlich hatte ich 1964, als ich mit meiner Frau Edith diese 230 Hektar Land kaufte, keine genauen Vorstellungen, was ich damit tun sollte. Die Gründung der Gemeinschaft war eher Zufall denn Absicht. Ich hatte zuvor schon 22 Jahre auf einer Landkommune gelebt." Mit einer kurzen Handbewegung zeigt er stolz über dichtes Buschland, dem man jegliche agrarische Nutzung abspricht. „Die Familie, der ich das Land abkaufte, konnte von den Erträgen aus Milch und Butter nicht leben, inzwischen ernährt das Land 30 – 40 Leute", verkündet er stolz, und seine blauen Augen leuchten.

Versteckt und geschützt im Busch haben die Wilderländer kleine Obstplantagen, Maisfelder, Avocados-Bäume und Honigmelonen verteilt, Miniparzellen statt Monokultur. Das erlaubt ihnen ohne Gifte auszukommen. Unkraut wird per Hand gejätet. Davon läßt sich auch der agile 75er trotz Behinderung nicht abbringen. Mit einer Harke bewaffnet, zieht er mit einem alten Traktorschlauch unter dem Hintern über den Acker. Jeden Tag ist ihm ein anderes Mitglied der Wilderland Community als persönlicher Helfer zugeteilt. Heute ist es Peter, ein Amerikaner, der insgesamt über 8 Jahre auf Wilderland gelebt hat.

Wir decken uns mit Obst und Gemüse für eine Woche ein und können nur warnen: Wer einmal diesen süßen Mais, diese Möhren, diese nussigen Avocados gegessen hat, der ist für unsere Supermärkte verloren. Hoffentlich!

Und dann dieses *Rotorua*. Die Touristenhochburg ist einer dieser Orte, die man möglichst schnell wieder hinter sich lassen möchte. Es stinkt nach Kommerz und Schwefel. *Sulphur City*, so nennen die Einheimischen den Schwefelpfuhl, liegt inmitten des sich vom *Mount Ngauruhoe* bis zur *White Island* in der Bay of Island erstreckenden Thermalgürtels.

Die *Polynesian Pools* sollte man sich allerdings nicht entgehen lassen. Hier trifft man nicht nur jede Menge Japaner, sondern auch Einheimische. „Ich komme immer hierher, wenn ich einen ganzen Tag lang im Regen gearbeitet habe", verrät mir John, ein Waldarbeiter. Kleine, unverdächtige Ziffern am Rand der Freibecken verraten die zu erwartenden Temperaturen. 38, 40, 43. Vor der 44

Dan, Wilderland Community, Coromandel

wird gewarnt, das ertragen nur die Japaner. Es gibt nichts Schöneres, als bei Mondlicht in einem Pool zu liegen, in den Sternenhimmel zu starren und sich so nebenbei die Lebensgeschichten wildfremder Menschen anzuhören. Ein Amerikaner aus Los Angeles erzählt vom Erdbeben, der Waldarbeiter von seinem Urlaub auf Bali, die Australierin von Scheidung.

Fast jedes Hotel hat sich mittlerweile ein Bohrloch für den eigenen Pool und die Zentralheizung gedrillt. Inzwischen ist diese Selbstbedienung jedoch eingeschränkt, denn das Touristenmekka ist dabei, sich auf diese Weise selbst das Wasser abzugraben. Der Grundwasserspiegel sinkt dramatisch und der berühmte *Pohutu-Geysir*, dessen Fontänenleistung im Prospekt noch mit 30 Meter Höhe gepriesen wird, bringt es kaum noch auf die halbe Leistung.

Ein anderer Blickfang Rotoruas ist der *Bowling Green* vor dem alten Tudor-Badehaus. *Lawn Bowls* (dafür *Grass Bowls* zu sagen, grenzt an Beleidigung) ist einer der wenigen Teamsports, bei dem weder Spieler noch Zuschauer ausfallend werden. Männer, die sonst einen Spielfehler mit übelsten Schimpfworten kommentieren würden, murmeln auf dem Rasen nur höflich: „That doesn't help!" oder „Bad luck, my friend." Kurz: ein Gentleman/woman-Sport, vergleichbar etwa mit Bocchia oder Boule. Die Teams spielen mit angeschrägten Kugeln auf einem makellosen, superkurzen Rasen, den ich auch mit sanften deutschen Gesundheitssandalen nicht betreten durfte. Spezialschuhe sind ebenso wie eine Kleiderordnung selbstverständlich bei diesem von älteren Kiwis gepflegten Gesellschaftssport.

Die Maori haben ein sehr gespaltenes Verhältnis zu dieser Stadt. Rotorua ist eine städtische Maori-Hochburg, aber von ihrer Kultur hat nur ein folkloristischer, touristisch vermarktbarer Verschnitt überlebt. Dem Pseudo-Hangi im THC-Hotel Rotorua folgt eine *Poi*-Tanzvorführung. „Wir können heute von Glück sagen, daß unser Freund Captain Cook uns entdeckt hat", kommentiert die Maori-Sprecherin den Showtanz, „und so konnten sich all' diese hübschen Hotels über das Land ausbreiten, damit wir Ihnen unsere Tänze vorführen können." Zynismus eines Volkes oder nur harmloser Joke einer Entertainerin?

Knapp 30 Kilometer von Rotorua entfernt liegt der Thermalpark *Waiotapu* (‚heilige Wasser') mit dem *Champagne Pool:* 60 Meter im Durchmesser und ebenso tief. Aus dem 70 °C heißen, dahinsimmernden Wasser steigen Millionen Luftperlen nach oben. Zum Baden zu heiß und zu giftig. Auch der Rand dieses natürlichen Beckens lädt nicht zum Hautkontakt ein. Seine orangefarbene, mehlige Substanz enthält nicht nur Silber und Gold, sondern auch Arsen und Quecksilber. Eine andere Attraktion des Parks stellt *Lady Knox* dar. Nur mit Frühstück – zwei Kilo Waschpulver – steigt die Geysir-Dame pünktlich um 10.15 auf. Ihre Vorliebe für Alkalisches wurde 1896 per Zufall durch eine Gruppe von Strafgefangenen, die im benachbarten Pool Wäsche wuschen, entdeckt. Das Waschmittel verringert die Oberflächenspannung der unterirdisch, köchelnden Wasseradern, Wasserdruck baut sich auf und entlädt sich Minuten später harmlos und artig vor den Kameras der Besucher.

„Lady Knox" steigt täglich, pünktlich 10.15

Auf dem Weg nach Süden sind die riesigen Holztrucks und die endlosen Fichtenwälder nicht zu übersehen. Über das Vulkanplateau im Herzen der Nordinsel breiten sich die größten Forstwälder der Erde aus. *Pinus radiata*, eine bis vor wenigen Jahren kaum beachtete Fichtenart, die nur an der Westküste Kaliforniens wächst, ist dabei, bis zur Jahrtausendwende zum ertragreichsten Exporthit der Neuseeländer zu werden. Erstaunlich an diesem Baum ist, daß er überhaupt nur an wenigen Orten unseres Globus gedeiht, in Neuseeland dagegen fast überall. Unempfindlich und unbeeindruckt von sandigem Boden, von Dürren oder Frost, wächst die Fichte aus California weit schneller, kräftiger und höher als in ihrem Ursprungsland und erreicht in Neuseeland fast Hartholz-Qualität. Mittlerweile sind 1,3 Millionen Hektar (6 % der Fläche) mit diesem schnellwachsenden Nutzholz bepflanzt.

Die Branche boomt. So mancher, der über ein Stück Land verfügt, träumt von Pinus radiata. Ein Kilo Zuchtsamen (Auslese GF 28) kostet zwar über 8000 NZ$ (etwa 1/6 des Goldkilopreises), aber die Investition verspricht nach 30 Jahren gewaltige Gewinne. 1993 gepflanzt, könnte das Holz von 30 000 Bäumen bei ausreichender Pflege im Jahre 2023, so rechnen die Holzexperten vor, leicht ein paar Millionen NZ$ einbringen. 1994 wurden über 60 Millionen Bäume gepflanzt.

PS-starke amerikanische *Macks,* mit riesigen Holzstämmen beladene Sattelschlepper, röhren auf dem Highway in Richtung Bay of Plenty. *Tauranga* (‚Rastplatz für Kanus') ist Neuseelands größter Exporthafen, vor allem für Kiwifrüchte und Holz. 2,3 Millionen Tonnen Baumstämme und 200 000 Tonnen Holzchips werden alljährlich von hier verschifft – nach China, Taiwan, Japan und in die USA, nach Nordamerika aus Gründen des Umweltschutzes. Seit dort zunehmend auch die heimischen Regenwälder unter Schutz gestellt werden, ist die Nachfrage nach gutem Nutzholz groß und Neuseeland befriedigt mittlerweile 1 % des rapide wachsenden Weltholzbedarfs.

Diese Monokultur ist allerdings auch umstritten. Eine Forstwirtschaft, die sich zu 90 % auf eine Baumart stützt, ist extrem gefährdet. Die Umweltschützer möchten die einst gerodeten Weideflächen lieber wieder in ursprünglichen Busch verwandeln. Mittlerweile sind sich Forstwirtschaft und Umweltschutz näher gekommen. Natürliche Wälder stehen zur Abholzung nicht mehr zur Debatte, für Baumplantagen werden neue Konzepte entwickelt, und nicht zuletzt ist Nutzwald besser als kahles Weideland.

Gleich hinter Tauranga stoßen wir in der Bay of Plenty (‚Bucht des Überflußes') auf eine weitere erfolgreiche Monokultur. *Te Puke* ist Neuseelands Kiwi-Hauptstadt. Zu Beginn dieses Jahrhunderts gelangten die Samen der *mihoutao*-Stachelbeere eher zufällig von China nach Neuseeland, die Früchte wuchsen hier allerdings üppiger, als sie es am Yangtze taten. Seitdem haben die grünbraunen, behaarten Vitaminbomben längst die Welt erobert.

Ab Mai für etwa 12 Wochen verdoppelt sich die Bevölkerung von *Te Puke*. Bis zu 10 000 Helfer werden gebraucht, um die Früchte in nur 2 Monaten von den schwer tragenden Bäumen zu pflücken und transportfähig zu verpacken. Deutschland erreichen die Kiwis in genormt ‚perfekter' Form,

Maunganui, Neuseelands Holzexporthafen

wie ein Ei. Unförmige, ‚abnorme' Vitaminbomben werden während der Erntezeit am Straßenrand für einen Dollar pro Kilo angeboten. „Doppelt soviel Vitamin C wie eine Orange, doppelt soviel Vitamin E wie eine Avocado, soviel Kalzium wie eine Banane, nur 50 Kalorien und jede Menge Ballaststoffe", entwaffnet uns die Verkäuferin. Wir kaufen gleich drei Kilo. Unsere Vitaminration für das East Cape.

# East Cape

Hinter *Whakatane* wird der Verkehr auf dem *Highway 35* spärlicher. Vor dem (sich über Jahrzehnte hinziehenden) Bau der 330 Kilometer langen Küstenstraße um das Cape war dieser unzugängliche, trockene, unfruchtbare Landstrich für die weißen Siedler uninteressant. Hier, in ihren ländlichen Hochburgen, haben sich die Maori einen Teil ihrer traditionellen Lebensweisen bewahren können.

Auf der Suche nach Arbeit hatten die Maori ihre ländlichen Stützpunkte verlassen, sich in die Städte integriert. Als Arbeiter in einer Fabrik, zur Miete irgendwo in Ponsonby, Newton, Otara oder Porirua, gaben sie wieder ein Stückchen ihrer Lebensweise auf. Viele der ländlichen *Maraes* verfielen, die Kinder wurden im egalitären Staat zwar ‚gleichberechtigt', aber eben in britischer Tradition erzogen. Die Maoriprache war tabu – und häufig auch den Eltern gleichgültig.

Seit zwei Jahrzehnten feiert das *Maoridom* ein überraschendes Revival. In *kohanga reo* („Sprachnestern") lernen die Kinder wieder die Sprache ihres Volkes. Und nicht nur der Touristen wegen wurden die oft heruntergekommenen Maraes wieder in Schuß gebracht, das ‚Rückgrat' der Versammlungshäuser verstärkt, die ‚Arme' neu gestrichen. Die Maori erobern sich ihr verloren geglaubtes Selbstbewußtsein zurück.

Die damit verbundenen Forderungen an die Pakehas werden leider zuweilen als Rassismus diffamiert. „Solange sich die Maori auf ihrem Land nicht rührten, galten sie als liebe Mitbürger", kommentiert ein Lehrer die Bewegung, „jetzt, da sie vorsichtig

Forderungen aufstellen, sind sie plötzlich ‚Rassisten'. Das ist nicht fair."

Begeistertes Aufsehen löste 1984 eine Ausstellung klassischer Maorikunst im New Yorker *Metropolitan Museum* aus. Die Kunst der ‚Ursprünglichen', jahrhundertelang unterdrückt, missioniert, verachtet und belächelt, war nun gesellschaftsfähig. Ein Teil dieser Anerkennung ist sicher aus dem Blickwinkel der touristischen Vermarktung zu sehen, ein anderer mit dem Verblassen der britischen Tradition und dem Vordringen des ‚American way of life' zu erklären, der viele Kiwis ein wenig neidisch auf die Kulturgeschichte der heimischen Maori schielen läßt. Viele Pakehas begreifen heute die Maori-Kultur als Teil ihres neuseeländischen Kulturerbes. Während angesichts steigender Kriminalität unter jugendlichen Insulanern und Maori zuweilen ein latenter Rassismus aufkommt, werden überall Maori-Sprachkurse für Pakehas angeboten und können die steigende Nachfrage oft nicht bewältigen. Die Sprache der Ureinwohner ist wieder *in*. Wer möchte nicht zumindest ein wenig von der Sprache verstehen, die so vielen Orten ihren Namen gegeben hat.

In *Te Kaha* am East Cape war Maori immer die Umgangssprache, hier haben sich die Maori den Siedlerwellen entgegenstemmen können, hier erscheinen sie als selbstbewußte, stolze Bewohner, weniger entwurzelt als in den großen Städten. East-Cape – Maori-Land.

„Gehen Sie ruhig rüber zum Marae!" versichert mir ein gemütlicher Dicker (auch er trägt rotkariert) und zeigt in Richtung einer Menschenmenge. Der melodiöse Gesang der Südsee lockt uns an, die grellroten Dämonen jedoch, die mit rausgestreckter Zunge und verdrehten Augen im Firstschmuck des *whare* (Versammlungshaus) wachen, scheinen uns Fremde von dem Nähertreten abhalten zu wollen. „Die Beerdigungszeremonie ist gleich vorüber, dann gibt es den Festschmaus, das *hangi*. Auch Pakehas sind gerne eingeladen!"

Der Firstschmuck an einem *whare* ist typisch für die Versammlungshäuser der Maori. Der *tekoteko*-Mann auf dem First stellt die Vorfahren der Maori dar, die vor Jahrhunderten mit ihren Kanus aus Ost-polynesien gekommen waren. Das Paddel zeigt den Zweck und die Richtung. Die wuchtig geschnitzten *maihi* im Giebel stellen die Arme, die Firstpfette das Rückgrat und die Sparren die Rippen der Vorfahren dar. Im Firstpunkt über dem Eingang begrüßt eine herausfordernde, fast drohende Maske den Besucher, die seitlich herausgestreckte Zunge ist jedoch eher als freundlich zu interpretieren.

Das *hui*, das Versammeln, eine Hochzeit oder die dreitägige Beerdigungszeremonie *tangi-hangi* sind von zentraler Bedeutung im Maori-Leben. *Tangi*, das rituelle Beweinen der Toten, wird mit dem *hangi*, dem Leichenschmaus, beendet. Die Trauergemeinde trifft sich auf dem *marae*, dem Platz vor dem Versammlungshaus. Drei Tage werden die Toten in einem offenen Sarg auf der Veranda des *whare* gebettet, umgeben von Fotografien, Zeugnissen und einem Koffer mit Kleidern des Toten.

Traditionell übernehmen die alten Frauen des Stammes, die *kuias*, das Klagen um die Verstorbenen. Mit dem *karanga*, einem langen, herzzerreißenden, jammernden Klagen rufen sie die Lebenden herbei und besingen die Rückkehr in ihre Urheimat *Hawaiki*. Diese *waiata tangi* (Lieder der Trauer) sind oft selbst komponiert und nur am letzten Tag werden sie abgelöst von den Predigten der Pfarrer und „Wir singen das Lied auf Seite 23". Und wieder erhebt sich ein Chorgesang voll unerhörter Harmonie und weicher Südseemelodik über den Marae bis hinüber zur Küstenstraße – nur das abschließende *Amen* erinnert an den christlichen Inhalt.

*Hangi* ist die Bezeichnung für einen Erdofen bzw. für eine besondere Art zu kochen. In der Nähe des *whare* wird einfach eine etwa einen Kubikmeter große Grube ausgehoben, dann werden fußballgroße Steine auf ein Feuer von gewaltigen Holzscheiten geworfen. Wenn die Steine in die Glut eingesunken sind, werden Metallkörbe mit in Säcken eingenähtem Gemüse, Wildschweinfleisch, Rindfleisch, Geflügel und Süßkartoffeln *(kumara)* auf die glühenden Steine gestellt, mit etwas Wasser (dampferzeugend) besprenkelt und schließlich mit weiteren Säcken und einer dicken Erdschicht abgedeckt.

Nach drei Stunden werden die Delikatessen wieder ausgegraben, nun schonend gegart, mit einem unvergleichlich erdigen, rauchigen Geschmack. Auch unsere Tischnachbarn kannten den Toten nicht, aber sie

gehören zum gleichen *Apanui*-Stamm. „*Tangi-hangi*, das ist nicht nur unser dreitägiges Begräbnisritual", erklärt uns der Sohn des Pfarrers (der Church of England). „Es ist ganz einfach unsere Lebensweise. Keiner wußte so recht, wie viele Leute hier heute auftauchen würden. Dies ist kein Familientreffen, hier trifft sich unser Stamm. Das ist anders als bei euch Pakehas."

Wieder ‚on the road'. Zunächst ahnen wir die Verkehrsteilnehmer nur, dann wird es rutschig, und hinter einer Kurve zwingt eine Rinderherde zur Vollbremsung: *Drovers*. Gefordert sind gute Stiefel und Geduld, um 800 junge Rinder auf einem sechsmonatigen *Drove* zu begleiten. George und Raymond, zwei wortkarge, sanfte Männer, ziehen jeden Abend ihr Zuhause, einen etwa 6 Meter langen Wohnwagen, mit Hilfe eines altertümlichen Pferdetransporters zum nächsten Nachtstop. Ihre Auftraggeber, einige Farmer aus der Nähe von Auckland, haben die Rinder auf einem Herbstmarkt bei Gisborne gekauft und wollen sie erst im Frühjahr auf ihren grünen Weiden bei Auckland sehen. Früher gehörten diese Viehtriebe zum Agraralltag, im Zeitalter der *cattle trucks* sind die Drovers jedoch ein aussterbender Beruf. Zwischen 5 und 6 Kilometer legen sie täglich zurück. Die Rinder begrasen die Straßenränder. Für die Nacht, für ein paar Tage oder sogar für eine Woche pachten die Drover Weideflächen von Farmern entlang der Landstraße.

Mit wachsendem Verkehrsaufkommen reagieren die Autofahrer zunehmend verständnislos auf den harmlosen Stau und die nun gedüngte Asphaltstraße. Aber noch wird der Drove durch ein altes Straßenrecht geschützt, das einen angemeldeten Viehtrieb auf allen Highways der Queen zuläßt. George und Ray treiben ihre Herde sogar einige Meilen über den Highway 1. Durch Unfall, Diebstahl und Krankheit verlieren sie im Laufe dieser sechs Monate zwar ein paar Tiere, für die Käufer der Rinder bleibt es trotzdem ein profitables Geschäft. Sie sparen nicht nur die Transportkosten per Truck, sie entlasten auch ihre eigenen oft überweideten Grasflächen.

Wir nähern uns *Ruatoria*. Die Gegend hier, 130 km nördlich von Gisborne, ist Zentrum des größten Stammes an der Ostküste, *Ngati Porou*. Diesem Stamm gehörte auch der erfolgreichste Maori-Politiker an, Sir Apirana Ngata (1874–1950). Er war der erste

Maori mit Universitätsabschluß und setzte sich 38 Jahre als Minister und Parlamentsmitglied für sein Volk ein.

Irgendwo in der Nähe von Ruatoria haben wir eine Adresse. Karl hatte John in Waitangi kennengelernt, am historischen Waitangi-Day. Er war einer jener Männer, die den *haka*, den Kriegstanz der Maori, vor Prince Charles vorgeführt hatten. All' die anderen waren nur für diesen Anlaß mit Gesichtstätowierungen geschminkt, nur John und seine Frau Donna tragen ihr Moko permanent, lebenslang.

Die Antwort auf Karls Frage, ob er die beiden fotografieren dürfe, war knapp, fast abweisend: „One picture!" Ein paar erklärenden Worten folgte ein langes Gespräch, dann weitere Fotos und schließlich notierte John Name, Dorf und East Cape auf einen kleinen Zettel. Warum besucht ihr mich nicht einmal?

Mokos, spiralförmige, organische Gesichts- und Körpermuster, waren einst Rangzeichen, Schönheitsideal, Symbol für Stammeszugehörigkeit und *mana*, spirituelle Kraft. Die Frauen schmückten sich mit besonderen Kinn- und Lippenmokos. Ende des letzten Jahrhunderts ging diese Art des Körperschmucks verloren. Die Missionare verdammten Tatoos als primitiven Aberglauben. Westliche Moden, wie Bart und Lippenstift, besorgten den Rest. Nach 1860 wurde kein männliches Gesichtsmoko mehr registriert, das letzte traditionelle Kinn-Moko an einer Frau wurde 1953 vollzogen. Moderne Tatoos (Panther, Bikes, rassige Frauen – alles, was stark macht) hatten seitdem die traditionellen Mokos abgelöst. Im Gefolge der Maori-Renaissance feierte auch das Moko ein Revival. Junge Maori, vor allem Männer, schmücken sich wieder mit den Farbspiralen ihrer Vorfahren. Ausdruck des Protests, der Zugehörigkeit zu einer Gang oder auch einfach nur Demonstration ihrer Herkunft. Johns Gesichtsmoko entstand noch während der Jahre im Knast. Dort sind Symbole der Stärke und Gruppenzugehörigkeit besonders gefragt. Statt der traditionell aus verbranntem Kauriharz und Schweinefett gemischten Farbe finden heute moderne Tintenmischungen Verwendung. Auch Steinmeißel und Stahlklinge sind längst durch elektrische Tätowiernadeln ersetzt. Trotzdem, es bleibt eine schmerzhafte Schönheitsoperation.

John und Donna sind Rastafari, begreifen sich als Rebellen gegen die weiße Herrschaft, aber auch gegen die Trägheit des Stammes. Hier in die entlegenste Ecke des East Capes haben sich viele dieser Rastafari zurückgezogen. Ihr Gesichtsmoko schweißt sie zusammen – und grenzt sie aus. Ein Gesichtstatoo hat für viele Neuseeländer immer noch den Geruch von Bandenzugehörigkeit, die Vorurteile sind groß.

Zugegeben, auch wir haben unsere Ängste. Rastafaris, tätowierte Maori, Gangs. Es waren weniger Vorurteile als ein Film, den wir ein paar Tage zuvor in Auckland gesehen hatten. *Once Were Warriors* (‚Einst waren Krieger'), ein Kassenfüller in Neuseeland und auch in Cannes preisverdächtig, geht unter die Haut. Der Regisseur Lee Tamahori dreht ansonsten Werbespots. Und nach zwei Kinostunden wankten wir benommen ins Freie. Es ist einer der besten Kinostreifen, den ich kenne. Ein Film über Gewalt, über die Schwächen aber auch über die Stärke

*Brotbacken in der Küche des Marae*

der Maori-Kultur. Ort der Handlung: eine Maori-Gemeinde in irgendeinem Vorort von Auckland. Die Handlung: arbeitsloser Familienvater, Alkoholiker, verprügelt seine Frau und Kinder, der Sohn durchläuft die grausamen Aufnahmeriten einer Maori-Gang. Der Film endet mit Hoffnung, die Frau – gestützt von ihrem Stamm, ihrem Glauben, ihrer Tradition – befreit sich aus dem Teufelskreis der Gewalt.

Szenen dieses Films hatte ich vor Augen, als wir auf einer staubigen, kurvenreichen Schotterpiste in das entlegene Seitental fuhren, das uns Johns Mutter als Treffpunkt der Rastafaris beschrieb. Dort hat sich ihr Sohn, Anführer einer Gang, mit ein paar Dutzend anderen Rastafaris auf dem Marae des Stammes versammelt, um nach Wegen in eine neue Zukunft zu suchen. Ihre Mokos hat sie nicht nur zusammengeschweißt, es grenzt sie lebenslänglich aus, macht sie arbeitslos und drängt sie immer wieder in die Kriminalität. Ein Teufelskreis.

Wir sind auf eine feindselige Haltung eingestellt. Daß wir als Weiße, Fotografen zudem, nicht mit offenen Armen empfangen werden, liegt in der Geschichte begründet. Und so parken wir unseren Touristen-Camper mit gemischten Gefühlen neben den rostigen PS-Schlitten vor dem Marae. Kaum nähern wir uns dem Versammlungshaus, stürzt schon eine Frau aufgeregt auf uns zu: „Haere mai, haere mai! – Bitte warten Sie vor dem Haupttor!"

Wir wissen, Maraes sollten (eine wichtige Grundregel) nur nach Einladung betreten werden. Johns Mutter hatte uns telefonisch angekündigt, und die Rastafaris wollen uns mit einem traditionellen ‚Welcome' begrüßen. Die Tradition schreibt vor, daß Gäste die heilige Versammlungsstätte durch das geschnitzte Haupttor betreten müssen.

Apia, eine freundliche ältere Dame, nimmt uns bei der Hand, als lese sie unsere Gedanken und führt uns zu einer Sitzbank, auf der wir Platz nehmen. Sie wird uns durch die Begrüßungszeremonie führen. Uns gegenüber haben sich mittlerweile zwei Dutzend wilde Gestalten in verwegenen Umhängen, mit langen gedrehten Haarzöpfen und grün-rot-gelb gestrickten Mützen versammelt. Bis auf wenige tragen alle, Frauen wie Männer, Mokos. Es mag sicher übertrieben sein, aber so muß sich James Cook, der Bauernsohn aus Yorkshire, gefühlt haben, als er 1769 zum ersten Mal Maori gegenüberstand.

Dann tritt John, der Leader, als erster aus der Gruppe nach vorn und beginnt eine Rede: „Haere mai, haere mai ..." – „Willkommen ..." Flüsternd übersetzt Apia seine Begrüßungsworte. Der Rede folgt ein Lied. Und dies ist zweifellos eines meiner bewegendsten Erlebnisse am anderen Ende der Welt. Diese so beängstigend aussehenden Männer singen ein Lied, das melodiöser und friedlicher nicht sein kann, ein Lied über Zukunft, Liebe, Frieden, Gott.

Ein zweiter Redner, ein zweites Lied. Nach dem dritten Redner sind wir an der Reihe. Reden ist Sache der Männer. Karl stammelt bewegt unsere Gefühle hervor, über unsere Reise zum East Cape, über diesen unerwartet warmen Empfang. Und schließlich: ein Lied muß her. Ich bin ehrlich. Karl ist ein guter Fotograf, aber musikalisch ziemlich unterbelichtet. Ich auch. Welches Lied können wir – eine in Deutschland

*Vorbereitungen für den Erdofen „Hangi"*

lebende Australierin und ein Hannoveraner – gemeinsam singen? In unserer Not fällt uns nur ein Weihnachtslied ein, aber schon nach der ersten Strophe von *Stille Nacht* fehlt uns der Text. Die grimmig aussehenden Maori singen grinsend weiter. Sie sind Christen. Wir versinken vor Scham im Boden. Wir, die wir andere Kulturen vermitteln wollen, beherrschen nicht einmal das eigene Liedgut. (Für die Zukunft sind wir nun mit einem Lied gewappnet: „Die Gedanken sind frei..." hat Karl jedenfalls geübt).

John streckt uns seine Hand entgegen, dann zieht er uns sanft an sich heran und drückt seine Nase behutsam an unsere. Mit dem *hongi*, dem Austausch des Lebensatems, begrüßt zu werden, ist eine große Ehre, setzt Vertrauen voraus. Wir drücken gerührt zwanzig Nasen, blicken in grimmig aussehende Augenpaare, sind uns nicht nur körperlich näher gekommen. Ein Handschlag, selbst eine Umarmung ist oberflächlich verglichen mit dieser Art von Begrüßung.

Das Eis ist gebrochen, und wir dürfen uns wie Stammesangehörige frei auf dem Marae bewegen. Die ältere Dame entpuppt sich ebenfalls als Gast, ihr Mann Bill ist Sozialarbeiter und leitet einen einwöchigen Kurs mit der Gang. Ziel: wie kommen wir heraus aus der Kriminalität, wie können wir uns finanziell auf eigene Beine stellen.

In der kleinen Versammlungshalle weist ein Papierbanner die Richtung: „Die Zukunft ist nicht dort, wo wir hingehen, sondern etwas, was wir selbst schaffen." Seit Tagen diskutieren sie über diese Zukunft, malen ihre Träume auf weiße Papierbögen. Immer wieder fällt das Wort *mana*, spirituelle Kraft – und *papa*, Mutter Erde. Bill hat auf Bitte der Gang auch einen Buchhalter und einen Rechtsanwalt mitgebracht, die der wilden Truppe erklären, wie man eine Gesellschaft gründet, was ein Kassenbuch ist, was beim Kauf von Land zu beachten ist. Sie träumen von einer Landkooperative.

Als Seminarraum benutzt die Gruppe ein Nebengebäude mit angegliederter Küche, unmittelbar neben dem *whare*, dem Gemeinschaftshaus. Der *whare* ist der heiligste Versammlungsort eines Stammes. An den mit Schnitzereien geschmückten Wänden hängen die Fotos verstorbener Stammesmitglieder, hier wird die eigene Geschichte geschrieben, hier führen die Stränge und Wurzeln des Stammes zusammen. Und nachts bietet der ‚Körper des Vorfahren' Schutz. Alle schlafen gemeinsam in diesem Raum. Auch uns Pakehas werden Matratzen, Blümchenbettücher und Decken zugewiesen. Links neben uns haben John und seine Frau Donna ihre einjährigen Zwillinge zwischen sich gebettet. Zur Rechten schnarcht Mike, der mit seinem frischen (fast einer Schnitzerei ähnelnden) Moko und der dunklen Sonnenbrille besonders grimmig aussieht.

Obwohl John uns in seiner Rede als Fotografen vorgestellt hat, läßt Karl seine Kamera am ersten Tag in der Tasche, um die fotoscheuen Rastafari nicht zu überfordern. Wir hören einfach nur zu, Erzählsplitter von einem chancenlosen Leben, von ihren Träumen, ihrem Glauben. Erst am zweiten Tag, nachdem wir uns gegenseitig beschnüffelt haben, beginnt Karl behutsam zu fotografieren. Mokos sind sehr fotogen, aber es ist auch eine sehr private Angelegenheit. Tätowierte Maori, das sei hier als Warnung

*Donna mit ihren Zwillingen, East Cape*

erwähnt, reagieren sehr emotional gegenüber Kameras, vor allem, wenn das Fotografieren ungefragt geschieht.

Es ist der letzte Tag eines vielleicht historischen Treffens, das ihre Zukunft ändern soll. In ein paar Monaten wird ein weiteres Treffen folgen, dann wollen sie Ingenieure einladen, die beim Bau billiger Häuser, bei der Nutzung der Agrarflächen beraten werden. Alle, auch wir, sind euphorisch. Ob es nur Seifenblasen waren oder wirklich ein neuer Anfang sein wird, muß die Zukunft zeigen.

In seinen kühnsten Plänen sieht John schon ein autonomes Maoriland am East Cape entstehen. Ein utopischer Traum, so utopisch wie die Geschichte der *Children of the Mist*. Die ‚Nebelkinder' vom *Tuhoe*-Stamm hatten 1869 *Te Kooti*, einem aus dem Gefängnis ausgebrochenen Maori-Führer, Schutz gewährt. Im *Urewera* konnte er sich 20 Jahre verstecken und den Widerstand gegen die verhaßten Weißen organisieren.

Die Heimat des Tuhoe Stammes in den *Huiarau-Mountains* liegt heute im *Urewera National Park*, unserem nächsten Ziel. Mit 210 000 Hektar ist es der größte Urwald der Nordinsel. Die Region ist eine der unwegsamsten Gegenden im Norden und wird nur durch den Highway 38, eine extrem kurvenreiche Schotterstrecke, erschlossen. Die Südinsel genießt zwar den Ruf größerer Wildheit, aber am abenteuerlichsten empfanden wir das East Cape. Der *Highway 38* oder auch die *Gentle Annie Road* sind eine der Überlandstraßen in Neuseeland.

Innerhalb von sechs Stunden begegnen uns gerade einmal drei Autos, ein rasender Schulbus und eine Herde wilder Pferde, die von einem mystisch erscheinenden Schimmel geführt werden. Aber keine Tankstelle. Enge, unübersichtliche Kurven, ungesicherte Abgründe und hin und wieder Steinschlag erfordern viel Konzentration. Um die Podocarp- und Kauri-Baumriesen im nebelverhangenen, immergrünen Urwald bewundern zu können, muß man einfach immer wieder anhalten.

Irgendwo neben der Piste auf einer Flußwiese haben zwei *house trucks* ein idyllisches Plätzchen gefunden. Die weißen Rauchspiralen ihres Lagerfeuers steigen senkrecht über das Tal, an langen Leinen trocknet Wäsche. House Trucks sind das Kiwi-Ultimo von Unabhängigkeit und Do-it-yourself-Mentalität. Alte Schulbusse und Bedford-Trucks liefern den Unterbau, der Rest ist Fantasie,

bleibt Farbe und Fundsachen von Schrottplätzen und Abrißhäusern überlassen.

Mark lebt seit 26 Jahren in *house trucks*, dies ist sein dritter Ford. Seine stille Frau Kiri ist vom hiesigen Tuhoe-Stamm, ein echtes ‚Nebelkind', obwohl sich die beiden nur selten im Urewera aufhalten. Sie lassen sich durch Neuseeland treiben, arbeiten für kurze Zeit auf dem Bau oder in Schlachthöfen, um sich dann wieder für Monate in die Wildnis zurückzuziehen.

Ihre Wohnburg ist Fantasie in Holz, jeder Winkel handgearbeitet, ohne spitze Ecken, jedes Detail ein Handschmeichler. Tageslicht fällt durch farbige Fenster, ein schöner alter Gußofen spendet Wärme, ein Holzgitter schützt ihre beiden Kinder vor der Hitze. Solarzellen liefern ein wenig Strom für die Glühbirnen und den Fernseher. Auch die Küchenecke mit Spüle und Gasherd ist ein handwerkliches Meisterstück. Als Kühlschrank dient ein Hohlraum unter dem Fußboden, eine kleine Treppenleiter führt zu einem geräumigen Hochbett.

Die Blütezeit dieser mobilen Wohnburgen ist allerdings Vergangenheit. Neue, strengere Gesetze machen vor allem den alten Trucks das Überleben schwer, man sieht sie oft nur noch versteckt hinter Landhäusern oder in den Gärten der Vorstädte. Der Trend geht zu umgebauten Schulbussen.

Als wir das Herz des Parks, den *Lake Waikaremoana* erreichen, regnet es in Strömen. Ohne Regen kein Regenwald, ohne Nebel keine Nebelkinder. Wir parken unser standardisiertes Wohnmobil in der Nähe des Sees und beginnen mit unseren täglichen Kochübungen. Heute steht Resteverwertung auf unserer Speisekarte: die Hangi-Delikatessen, die uns die Rastafari zum Abschied eingepackt haben: Huhn, Kumara-Kartoffeln, dazu Brokkoli und einen roten ‚Te Mata Cabernet', ideal für einen verregneten Abend in den Ureweras.

Der nächste Tag übertrifft alle Erwartungen. Dichter Nebel, doch darüber ahnt man schon die Sonne. Mit Goretex und Handschuhen gewappnet, suchen wir uns den Pfad hinauf zur Aussichtsplattform am *Whaitiri Point*. Langsam löst sich der Nebel auf, ein leichter Wind versucht die Nebelfetzen zu vertreiben und gibt für Minuten den Blick auf den See frei. Ja, das muß die Heimat der ‚Children of the Mist' sein.

Der Nationalpark bietet mehrtägige Wanderungen und kleine Tagestouren, z. B. zum 300 Meter höher gelegenen Bergsee

*Lake Waikareiti.* Schon wenige Minuten oberhalb der ohnehin kaum befahrenen Straße tauchen wir in die totale Stille des Regenwaldes ein. Wir klettern über umgestürzte, moosbewachsene Baumriesen und lassen uns im Vorübergehen von den Wedeln der Baumfarne streicheln.

Hier im Urewera haben die Fuchsiabäume schon gelbliche Blätter. Es ist Mitte Mai. Spätherbst. Nach zwei Stunden erreichen wir den See, auf dessen stiller Wasseroberfläche sich die ihn umgebenden Wälder spiegeln. Ein paar Ruderboote warten am Strand auf Fischer, leise plätschert das Wasser gegen die Aluhaut der Boote. Ansonsten ist es still, ganz still.

## Ring of Fire

Kaum 80 Kilometer Luftlinie westlich von hier liegt *Lake Taupo*, mit dem Wagen ist es eine Tagesreise. Lake Taupo ist in der Maori-Legende das pulsierende Herz des mystischen Fisches *Maui*, der heute den Körper der Nordinsel formt. Kaum zu glauben, daß dies auch der Schauplatz einer der größten und verheerendsten Vulkanausbrüche der letzten Millionen Jahre auf diesem Planeten war, gewaltiger als der Ausbruch des *Krakatoa* 1863 in Indonesien und schätzungsweise 30 Mal gewaltiger als der des *Mt. Helena* 1980. Die Eruption ereignete sich 186 v. Chr., lange bevor die ersten Maori die Insel erreichten.

Wie, so die berechtigte Frage, kann man dies ohne Zeitdokumente so genau bestimmen? Es gibt Chronisten. Nicht in Neuseeland, aber in China und auch in Rom. Durch Radiocarbonat-Analysen können Vulkanausbrüche weltweit zeitlich grob bestimmt werden. In der betreffenden Zeit beschreibt ein Geschichtsschreiber am chinesischen Kaiserhof das Phänomen, daß die Sonne im Osten dunkel blutrot aufging und erst steil am Himmel hell wurde. Und durch eine römische Quelle (Scriptores Historiae Augustae) war zu erfahren, daß im Herbst jenes Jahres der Himmel glühte.

Damals, so berichten die Maori-Legenden, als die Berge noch lebten und sich noch liebten, lockte *Pihangi,* eine liebliche, buschige Bergkuppe oberhalb von *Turangi,* die Freier der Bergwelt. Alle wollten sie als Frau, aber sie liebte nur *Tongariro*, und alle anderen mußten sich geschlagen zurückziehen. Es muß eine heiße Zeit gewesen sein.

Als mythische Zeiten später die legendären Vorfahren der Maori hierherkamen, beschloß *Ngatoro-i-rangi* (Lotse und Häuptling des legendären Kanus *Te Arawa*) als Zeichen der Landnahme, auf der Spitze des Tongariro ein Feuer zu entzünden. Auf Geheiß der Götter befahl er seinem Gefolge, bis zu seiner Rückkehr zu fasten und machte sich mit seiner Sklavin *Ngauruhoe* auf den Weg zum Gipfel. Seine Gefolgsleute brachen jedoch das Fastengebot, und die verärgerten Götter schickten Hagel und Eis und drohten, die Ankömmlinge zu vernichten. *Ngatoro-i-rangi* flehte seine Götter in der entfernten Heimat *Hawaiki* an und opferte die unglückselige *Ngauruhoe*. Die Götter erhörten ihn und schickten aus dem Untergrund ein gewaltiges Feuer, um die erfrorenen Bergsteiger wiederzubeleben. *Ngauruhoe* war bereits verstorben und formt heute mit *Ruapehu* („ausbrechendes Feuer") und *Tongariro* („herbeigetragen vom Südwind") einen der drei Vulkankegel des *Tongariro National Parks.*

Dieser ist Neuseelands ältester Nationalpark. Mit der Auflage, ihn als solchen zu erhalten, schenkte 1857 ein weitsichtiger Maori-Häuptling der Königlichen Regierung der Weißen das Vulkangebiet, das die Gräber der Vorfahren beherbergte. Er ahnte, daß er den Göttersitz nur auf diese Weise vor dem Zugriff gieriger Siedler und Spekulanten retten konnte.

Geologisch gesehen liegt der Park, der 1990 von der UNESCO zum „World Heritage Park" geadelt wurde, inmitten einer aktiven Vulkanzone, die sich vom *Mt. Taranaki* über *Rotorua* bis hoch zur *White Island* in der *Bay of Plenty* erstreckt. Heute ist der Park mit seiner mondähnlichen Vulkanlandschaft, den schneebedeckten Gipfeln, heißen Quellen und smaragdfarbenen Seen einer der beliebtesten Wandergebiete im Südpazifik. Die vier Berghütten müssen jährlich über 5000 Übernachtungen bewältigen, hinzu kommen 12 000 Tageswanderer im Jahr. Wann werden die Götter wieder zornig?

Die Götter schienen uns zu zürnen, als wir vom *Whakapapa Village* zur ‚*Tongariro Crossing*' aufbrachen. Im Park Headquarter zeigten die Seismographen, die den Schlaf der zuletzt 1976 aktiven Vulkanriesen überwachen, keine Regung. Kaum hatten wir die windgeschützten Buchenwälder am Südwesthang des *Ngauruhoe* hinter uns gelassen, hagelte es und uns blies ein eisiger Wind entgegen. „Vor Sonnenbrand und Schneesturm müßt ihr euch hüten", hatte uns ein Freund in Auckland geraten, „alles an einem Tag."

Nach einer Stunde erreichen wir die offenen, mit Tussockgras bewachsenen Südhänge des Ruapehu, mit 2796 m der höchste des Vulkantrios. Süden bedeutet auf der Südhalbkugel Kälte. Und der *Southerly* (Südwind) ist selbst im hochsommerlichen Januar unerbittlich.

*Fortsetzung Seite 157*

Mount Cook oder „Aorangi", der Wolkendurchdringer

die gewaltigen Gletscherströme der Südalpen

Mt. Tasman, Mt. Cook und Gletscherplateau des Fox Glaciers

Abendstimmung vor der Mueller Hut

letzte Sonnenstrahlen auf Mount Cook

die perfekte Morgenspiegelung des Lake Matheson steht kopf!

Kahikatea-Bäume lieben sumpfigen Boden, Lake Wahapo

Schwarzer Strand
bei Okarito,
Westküste

Strand und Lagune von Okarito, vom Trig-Point gesehen

Schwarzer, metallhaltiger Sand verspricht auch Gold, West Coast

ein paar Unzen Goldstaub     John und Mark, Goldgräber

vor ihrem Haus, Gillespies Beach     eine Tasse Tee für die Gäste

Greg und seine Milchkühe, West Coast Road

Sheep dogs nach einem langen Arbeitstag

Schulausflug zum Paparoa National Park

„Punakaiki" oder Pancake Rocks am Dolomite Point, Paparoa

die Eiskathedralen des Franz-Joseph-Gletschers in Westland

Wasserfälle einfach überall... ...selbst aus dem Moos ein Kleiner

dicke, weiche Polster, Teppiche... ...oder auch nur eine dünne Haut

*Gillespies Beach and Otorokua Point, West Coast*

Flußmündung des Cook River in die Tasman Sea

Sutherland Falls and Lake Quill, Fjordland

Doubtful Sound, 20 km dringt die Tasman Sea ins Land

Blick vom Wilmot Pass
über Doubtful Sound

Eis, Wind und Wasser formten die Sounds der Fjordlands

Dick hebt die Beute von zwei Flugstunden

48

Jeffs scharfe Augen suchen nach Rotwild im Tussock der Fjordlands

Jeff packt ein Fangnetz in Köcher

eine wilde, gefährliche Jagd

*die beiden Jäger arbeiten wie Raubvögel, Fjordlands*

1,2 Mio Hektar Wildnis: Fjordland National Park

Silberbuchenwald am Routeburn-Fluß, Mt. Aspiring National Park

im Reich der Elfen und Feen

in die Märchenwelt der Moose und Flechten, Routeburn Track

Aufstieg zum Caples Track

der Wanderweg folgt dem Caples bis zur Mündung

Mündung des Arthur River in den Milford Sound

Herbstabtrieb von 14.000 Schafen in den Garvie Mountains

Vorbereitung für's Abendessen

Dinner in Jack Mack's Hut

gute Karten oder nur Bluff, Skip?

draußen dichter Nebel – die Hirten warten auf besseres Wetter

Garvie Mountains – über Nacht ist der erste Schnee gefallen

auch hier wird's ungemütlich kalt

Highway 8 durch die Tussocklandschaft des Lindis Pass, Otago

Fahrt entlang Lake Wakatipu bei Queenstown

*Blick hinüber zu den Remarkables*

Selbst an diesem stillen Ort paradiesische Aussichten

Herbstraureif, Mackenzie Country, Otago

Arthur's Pass verbindet die Westküste mit dem Osten

Mit dem Sittich auf dem Weg in den Urlaub, Lake Takepo

Scheibenwischergummi ist beliebt bei Keas

bei -18°C lagern hier eine halbe Million Schafe, Mataura Freezer Works

Fred und Myrtle in ihrem Paua House, Bluff

die sonntägliche Hauptstraße von Oamaru ist wie ausgestorben

Cathedral Square, Zentrum der „britischen" Stadt Christchurch

Speisesaal des Christ's College

Schüler des Christ's College mit Schuluniform und Lunchpaket

Rex, Farmer mit
seinen Hunden
Banks Peninsula

Lyttelton Harbour, Banks Peninsula bei Christchurch

alter Leuchtturm am Nugget Point, Catlins

Podocarpaceen-Wald am Tahakopa River, Catlins

wenige Wälder haben den Holzschlag überlebt, Catlins

Spielbälle der Natur: Moeraki Boulders, Ostküste

Whale Watching vor der Ostküste bei Kaikoura

mit etwas Glück begegnet man auch einer Delphinschule

Kein Durchgang! Wehrhafte Reihe Drysdale-Widder, Flax Hill

 Schafscherer-Mahlzeit, Tarawera

 Schafscherwettbewerb, Whangarei

weite Sandstrände, „Mutton Cove", Abel Tasman National Park

Nimm nur Fotos – hinterlaß nur Fußspuren!

Abel Tasman National Park, mit dem Rucksack...

... oder mit dem Seekajak zu einsamen Stränden

Labyrinth von Land und Wasser: Marlborough Sounds

"Windy City" Wellington

Government House, der zweitgrößte Holzbau der Welt

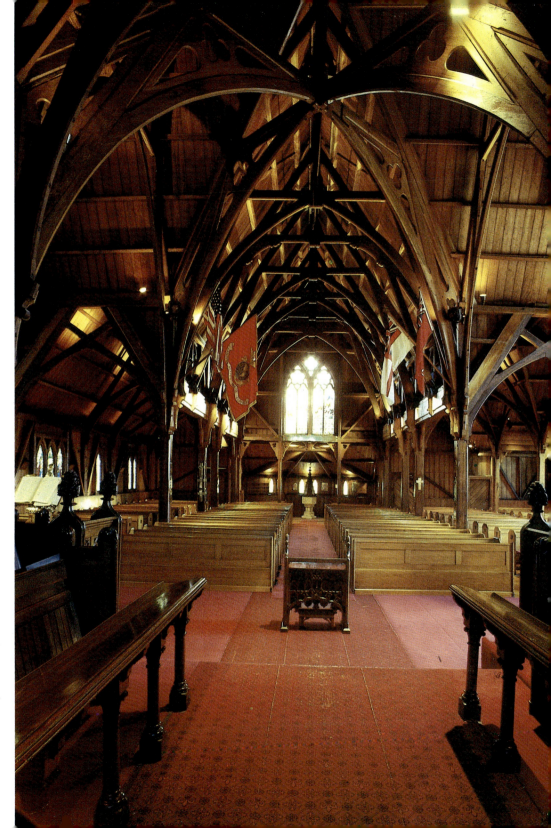

Old St. Pauls in Wellington
Neugotik in Holz

das 30 Jahre alte Athfield House, Blick über die Wellington Bucht

viktorianische Holzhäuser an der Oriental Bay

Strandstilleben mit Abalone- oder Paua muschel, Cape Palliser

Seltene Beute für Charly

Lawn Bowling – beliebter Teamsport der älteren Kiwis

der Wirt im Puhoi Hotel hat längst sein Limit erreicht

Te Mata - Weingut bei Havelock-North

Ben mit seiner Gottesanbeterin, Hastings

Nebelmeer über dem Tukituki Valley

Blick vom Te Mata Peak, Havelock North

Umzug (moving house) wird von den Kiwi's wörtlich genommen

Leon mit seinem Sohn, Nomaden in House Truck, Urewera

Champagne Pool, ein 900 Jahre alter Kratersee, Waiotapu

Pōhutū Geysir, Whakarewarewa

Thermalkraftwerk von Wairakei

Golden Fleece - Terrassen in Orakei - Korako

Coromandel, nur wenige Stunden von Auckland entfernt

Halbmond über Coromandel Harbour

*Cathedral Cove, von Wind und Meer geformt, Coromandel*

es gibt in Neuseeland über 160 Arten von Farnen

Flaschenwand im Ökohaus des Malers Friedensreich Hundertwasser

Entwurf für eine neue Kiwi-Flagge

vor seinem Haus, Bay of Islands

Driving Creek Railway, Coromandel

Waschbecken in Barry's Bad

Bildhauer Barry Brickell, Studio

Dan (75, im Rollstuhl) gründete vor 30 Jahren die Wilderland Community

Musikerfamilie vor ihrem Haus, Wilderland, Coromandel

„Vorher war's wärmer, Leute!" – Schafschererschuppen

Arbeiter in einem Wollager Napiers

der Kratersee des Ruapehu friert nie zu, Tongariro National Park

Blick über Blue Lake, Mt. Ngauruhoe und Mt. Ruapehu

Büschelgras in der Lavawüste der Rangipo Desert

Red Crater, Tongariro National Park

Ketetahi Hütte über Lake Rotoaira

Blue Lake auf dem Plateau des Mt. Tongariro

Wochenschafmarkt in Hamilton, Waikato

Farmer bei Reporua
East Cape

eine „bach", Pionierhütte, heute Wochenendhaus, East Cape

George und Ray in ihrem Wohnwagen

Seit Jahrzehnten arbeiten die beiden als Drover, Viehtreiber

ein aussterbender Beruf

6 Monate mit 800 Rindern unterwegs

Klagefrau nach der Beerdigung in Tekaha, East Cape

Trauerfeier auf dem Te Kaha Marae

"Hongi", Nasenpressen beim Abschied

der Erdofen "Hangi" wird geleert

"Hangi", der Leichenschmaus

Maori-Haka für den Prince of Wales, Waitangi

*John und Donna stellen den Vertrag von Waitangi in Frage*

die Kunst des Mokos galt lange als ausgestorben

Maori-Rasterfari planen ihren Weg in eine neue Zukunft, East Cape

John, Führer der Gang, mit seiner Tochter

Baßtölpel-Kolonie in Muriwai, Westküste bei Auckland

einer ihrer seltenen Brutplätze auf dem Festland

Piha ist der beliebteste Surfbeach der Nordinsel

Surfangler an der Westküste

in Auckland lebt mehr als ein Viertel der Bevölkerung Neuseelands

Ponsonby, Aucklands schönster Szene-Stadtteil

Neuseelands heimliche Hauptstadt und „City of Sails"

Angler vor der Auckland Harbour Bridge

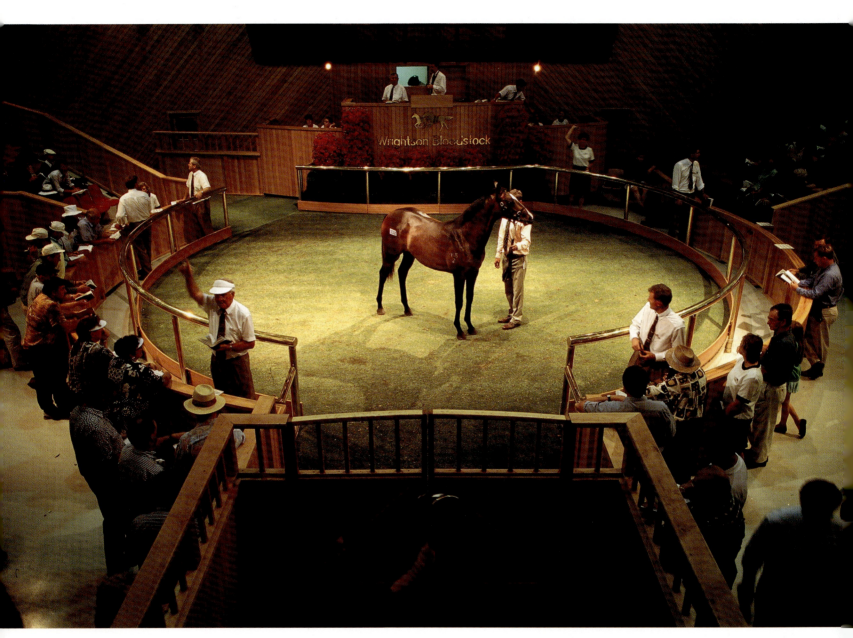

Jährlings-Auktion in Karaka, Angebote bis 1 Million Dollar

weibliche Jockeys vor dem Rennen, Auckland Race Course

Anzac Day in Kaitaia, ein Veteran zeigt stolz seine Orden

Sonntagsandacht, Polynesierinnen in Auckland

Holzkirche der Ratana-Sekte in Te Kao, Northland

Kerewai erklärt die
Kunst des Flechtens

Dünen bei Te Paki, Northland

Blick über den Werahi Beach am Cape Reinga

Leuchtturm Cape Reinga, Neuseelands nördlichster Punkt

# Tongariro

Zwei Deutsche, eingepackt in Daunen und Goretex wie für eine Arktisdurchquerung gewappnet, kommen uns mit rotgefrorenen Nasen entgegen. Sie wissen Fürchterliches zu berichten: „Der Wind ist so brutal, wir mußten auf Händen und Füßen am Kraterrand entlangkriechen."

Mittlerweile tragen wir Handschuhe und haben auch unsere ‚Polyprops', diese langen Thermounterhosen aus Polypropylen, übergezogen. Zusammen mit Shorts getragen gehören diese Leggings zur Standardausrüstung jedes neuseeländischen Wanderers. Sie behindern kaum, schützen wirkungsvoll vor Kälte und trocknen nach Regengüssen innerhalb von Minuten. Aber würden sie für diese Tour ausreichen?

Als wir kurz vor Sonnenuntergang die *Mangatepopo*-Hütte erreichen, tragen wir sämtliche Kleidungsstücke, die wir mittags trotz der Hitze für diese Tour eingepackt hatten. „Dort hinten in der Ecke sind noch ein paar Matratzen frei!" ruft jemand, der unsere Sorgen kennt. Es herrscht Hochbetrieb in der 25-Betten-Komforthütte der *„Great Walks"*. Essenszeit. Japaner, Amerikaner, ein paar Iren, Australier (und auffallend wenig Deutsche) haben ihre Vorräte aus den Rucksäcken gekramt und bereiten in Aluminiumgeschirr Eßbares. Karl macht es sich leicht. Unser Menü kommt aus der Vakuumtüte: gefriergetrocknete Astronautenkost mit wohlklingendem Aufdruck: „Sahne-Curry-Rindfleisch mit Brechbohnen", verlängert mit eigenem Basmati-Reis.

Elektrizität sucht man vergebens, aber die Hütten sind mit Toiletten, Wassertanks und Gaskochern ausgerüstet. Ein paar Kerzen erhellen die Szene. Die Japaner flicken Socken, die Iren spielen schon 500, am Tisch der Amerikaner werden ‚Traveller's Tales' ausgetauscht. Das Neueste vom Tag: Zwei Frauen aus Boston hatten es trotz Sturm und Kälte gewagt, im dichten Nebel den 2287 Meter hohen *Ngauruhoe* zu besteigen, aber „nichts gesehen, außer schemenhaft sich selbst und ein paar Felsen."

Es wird eine unruhige Nacht. Die zornigen Götter des *Tongariro* schicken ihre Sturmboten, die wütend am Wellblech und den Dachvorsprüngen zerren. Am nächsten Morgen schälen sich die Iren als erste aus den Schlafsäcken und entzünden den Holzherd. Bald breitet sich Frühstücksstimmung aus, und der Duft von Toast über Gasflammen und Instantkaffee durchströmt die Hütte. Auf den groben Holztischen wetteifern Muesli-Mischungen, Porridge und Marmeladen Toasts um Anerkennung.

Gegen 10 Uhr lichten sich die tiefschwarzen Wolken und alle planen, über die 1:80 000-DoSLI-Karten gebeugt, den Tag. Hüttenwart Kerri hat über Funk das Wetter ‚eingeholt' und gibt vorsichtige Entwarnung: nachlassender Wind, wechselhaft mit Schauern, wärmer. „Bitte auf jeden Fall ins Hüttenbuch eintragen! Und vergeßt nicht, euer Tagesziel und eure Route aufzuschreiben, damit wir nach euch suchen können", lacht sie – aber meint es sehr ernst.

Holzstangen weisen den Weg durch die Lava. Hinter dem Abzweig zu den *Soda Springs* steigt der Weg steil an, 250 Höhenmeter bis zum *Mangatepopo*-Sattel. Die Wolken sind wie von Geisterhand weggewischt und nun helfen nur noch Sunblocker (Faktor 20), Sonnenbrille und Hut gegen die leicht unterschätzte Kraft der Sonne.

Auf dem Sattel haben wir die Qual der Wahl. Drei Stunden, so verrät das DOC-Faltblatt, sind für Auf- und Abstieg einzuplanen. Makellos hebt sich der erst 2500 Jahre alte Vulkankegel gegen den stahlblauen Himmel ab, und wir haben einfach keine andere Wahl – und die Qual: Wir müssen hoch. Ohne Rucksäcke, die lassen wir im Schatten eines Lavabrockens zurück.

Es gibt keinen festen Weg hinauf zum Gipfel, nur Lavaschlacke und ein paar Lavagrate. Drei Schritte vor, zwei zurück – wie bei der Echternacher Springprozession. Und die Sonne erbarmungslos im Rücken. Mein Instinkt hatte mir geraten, diesen Vulkankegel nicht herauszufordern. Und ich weiß nicht, wie ich diese 580 Höhenmeter geschafft habe. Zwei Stunden im Zickzack die Lava hoch, immer auf der Hut vor Steinschlag der Vorgänger.

Oben am Kraterrand ist der Wind wieder ruppig und eisig. Ohne Handschuhe und Wollmütze ist es kaum auszuhalten. Es riecht nach Hölle. Schwefeldampf dringt aus kristallgesäumten Ritzen. Die Lava atmet. In der Nacht haben sich an den Felsbrocken Tausende von etwa fünf Zentimeter langen Eiskristallfingern gebildet, denen der Sturm eine gemeinsame Richtung gegeben hat.

Oben weiß ich: die Strapazen haben sich gelohnt. Der Blick geht weit über das Land. In der Ferne *Mount Taranaki,* im Rücken der höchste Vulkan, der *Ruapehu*. Gegenüber der *Tongariro*, der kleinste der drei Vulkangötter. Nach Norden, wie eine offene Wunde, *Red Crater* und dahinter *Lake Rotoraia* und *Lake Taupo*. Wir umwandern mit den Amerikanern den Krater. John, ein Kiwi aus der Bay of Islands, hat sich eine windgeschützte Ecke in der Sonne gesucht, hört über Kopfhörer Rock Classics.

Der Abstieg ist einfacher. Es ist ein Laufen, eher ein Gleiten, wie Skifahren. Karl macht es sogar Spaß. Man muß beim Abgleiten einfach nur die Bergstiefel senkrecht in das Lavageröll stemmen – und Gleichgewicht halten. Vielleicht beschleunigen ja auch die Gedanken an die Warntafeln im Motorcamp (und das Wissen, daß dieser „junge Wilde" vor weniger als 20 Jahren Asche spuckte) meine Gleitgeschwindigkeit.

Obwohl dieser Nationalpark immer als Mondlandschaft beschrieben wird, ist er alles andere als monoton. Die Wanderung durch diese junge, nur 2,5 Millionen Jahre alte Landschaft ist sicher einer der farbigsten, grellsten Wanderrouten in Neuseeland.

Mit unseren Rucksäcken folgen wir wieder den Leitstangen durch den Südkrater, dann windet sich der Pfad steil einen Grat hinauf zum 1886 Meter hohen *Red Crater*. Schwarz-Rot-Gelb sind hier die Farben. Der Abstieg zum *Blue Lake* ist wie eine Treppe hinunter in die Unterwelt. Die Erde ist aufgerissen, gelb durchfärbt, Schwefelschwaden wabbern aus gelb gesäumten Schlünden bis hoch zum Pfad. Und dann dieses verführerische Türkis der *Emerald Lakes*, die sich wie Edelsteine aus dem Rotbraun und Schwarz der Lava herausheben.

Die *Ketetahi*-Hütte, unser Tagesziel, liegt in einmaliger Lage an der Nordflanke des Tongariro, etwas oberhalb der Baumgrenze, in einem wogenden Meer von gelbbraunem Tussockgras. Da hält es uns nur zum Kochen in der Hütte. Fisch in Tomatensauce steht auf unserem Speiseplan, dazu Linsen. Zu unseren Füßen *Lake Rotoraia*, in der Ferne schimmert *Lake Taupo* im letzten Licht des Tages. Romantisch schiebt sich der Mond über die buschigen Abhänge des *Pihangi*, der Geliebten Tongariros, um die einst der Kampf der Berggiganten tobte.

Die heißen Quellen von *Ketetahi* haben wir uns für den nächsten Morgen aufgehoben – als Abschiedsgeschenk. Die *Hot Springs* liegen quasi am Weg hinunter zur Straße. Aber Vorsicht! Dies ist kein Thermalpark wie in Rotorua mit eingezäunten Lehrpfaden. Nur die gewaltigen Schwefelschwaden und ein paar „Danger!"-Schilder warnen vor allzu unbekümmerter Annäherung. Hier ist die Erdkruste besonders dünn. Mini-Geysire schießen im Minutenabstand aus Felsspalten, Schwefel und blubbernde Schlammtümpel verraten: Höllengefahr.

Etwas oberhalb des thermischen Chaos führt ein Weg über einen Grat zu einem kleinen Taleinschnitt, in dem mit ein paar Steinen ein dampfender Bach gestaut ist. Wir entdecken vier Becken, deren Temperatur man mit der Hand testen sollte, bevor man in diese Badewannen steigt. Achtung: Nicht nur das Wasser ist heiß, auch der Boden. Im ersten Pool, kaum größer als drei Badewannen, ist das Wasser noch brüllend heiß, etwas für Suppenwürfel. Der nächste etwas für Japanerfahrene. Der dritte, zwanzig Meter talwärts, gerade richtig. Runter mit den Klamotten und entspannen.

*Ketetahi* bedeutet ‚Speisekorb', die Maori nutzten das brühheiße Wasser zum Garen. Wir baden also in der Küche. Auch bei den weißen Siedlern waren diese Thermalquellen schon Anfang dieses Jahrhunderts wegen ihrer Heilkraft gegen Rheumatismus bekannt. Als wir aufbrechen, wissen wir, daß wir den Shuttle-Bus, der jeden Morgen um Zehn die herauskommenden Tramper am

*auf dem Kraterrand des Ngauruhoe*

Parkplatz im *Okahukura Bush* aufliest und zurück in die Zivilisation bringt, verpaßt haben. Zum Teufel mit der Zivilisation!

Für den nächsten Tag haben wir uns als Etappenziel *Mount Taranaki* vorgenommen. Bei gutem Wetter hebt der klassische Vulkankegel sich über große Entfernungen deutlich ab. Aber wir werden wieder enttäuscht. Fünf Anläufe haben wir unternommen, um uns *Mt. Egmont* (so nennen ihn die Pakehas) aus der Nähe anzusehen. Immer hüllte er sich in Wolken.

Das Gebiet südlich von Hamilton bis zum Mt. Taranaki und Whanganui River war einst *King Country*. Hier fanden die verzweifelten Schlachten der Maori gegen die übermächtige Pakeha-Armee Ihrer Majestät statt. Nichts erinnert mehr an die Sümpfe und dichten Wälder, die einst von der Ostküste bis zu den vulkanischen Zentren der Nordinsel reichten und in die sich die *Hau-Hau*-Rebellen zurückzogen. Heute sind es im Norden wohlkultivierte Gemüseplantagen und Pferdekoppeln, die das Bild beherrschen und die Geschichte vergessen lassen.

Eine unbefestigte enge, dafür um so reizvollere Landstraße dringt ab *Raetihi* in eine entlegene, allerdings nicht gottverlassene Gegend. Ab *Pipiriki* folgt die Schotterpiste dem friedvoll dahinfließenden *Whanganui River*. Viele der kleinen Siedlungen wurden als Missionsstationen gegründet und haben klangvolle, bekannte Namen: *Atene* (Athen), *Koriniti* (Korinth) oder *Ranana* (London). *Hiruharama* (Jerusalem) liegt an einer malerischen Flußbiegung, überragt von der Holzkirche eines 1884 gegründeten katholischen Schwesternordens. Ein Abstecher in die Kirche lohnt sich. Das Kirchenschiff wird von zwei Wandgötzen bewacht, die eher bedrohlich, denn gläubig auf die Jesusstatue hinabschauen.

Der *Whanganui* ist Neuseelands längster beschiffbarer Fluß. Bis Mitte dieses Jahrhunderts verbanden Flußdampfer die gleichnamige Küstenstadt mit dem landeinwärts gelegenen Pipiriki. Das einst florierende Touristenstädtchen war Endstation einer dreitägigen Dampferfahrt. Nur noch ein paar Ansichtskarten erinnern heute an das elegante, um die Jahrhundertwende modernste Hotel Neuseelands, das vor Jahrzehnten allerdings abbrannte.

## Wellington

Es regnet in Strömen und so fahren wir ohne Halt nach Süden. Bis zum Südzipfel. Wellington. Die ‚windigste Hauptstadt der Welt' macht ihrem Namen alle Ehre. Bei unserer Ankunft schütteln Sturmböen beängstigend unseren Camper. Ob kalter Southerly oder warmer Northerly, die Seewinde werden wie in einem Windkanal durch die *Cook Strait*, die Meerenge zwischen Nord- und Südinsel, gepreßt. Man könne einen *Wellingtonian* daran erkennen, spotten die Aucklänger, daß er auch bei Windstille seinen Hut festhält.

Nicht nur Sturm, auch Erdbeben gehören zum Alltag dieser Stadt. Wellington liegt genau auf der Hauptverwerfungslinie zweier Kontinentalplatten, die sich ineinander verkeilt haben. Jahr um Jahr schiebt sich die Indisch-Australische Platte beharrlich über die Pazifische Platte und drückt sie um fünf Zentimeter nach unten. Das ist nicht viel, aber in den unteren Gesteinsschichten kommt es zu enormen Spannungen, die sich durch Beben entladen. Etwa ein dutzendmal im Jahr. 1931 wurde *Napier* in der *Hawkes Bay* von einem solchen Beben fast vollständig zerstört. Ein großes Beben ist wieder überfällig und nun warten alle auf den großen, großen Knall.

Als Karl 1984 zum ersten Mal nach Wellington kam, war er enttäuscht von der gesichtslosen, modern-gläsernen Innenstadt. Erst durch seine Arbeitsmonate bei Neuseelands Architekturschmetterling Ian Athfield lernte er die Stadt kennen und lieben: ihr labyrinthartiges Straßennetz mit dem Gewirr verspielter, viktorianischer Holzhäuser, das spektakulär die steilen Abhänge der Bucht überzieht, der Lebensstil seiner Bewohner, den Wind und die 1001 Stimmungen dieser Meerenge.

Es fällt schwer, das hoch über der Autobahn nach Norden liegende Wohngebilde der Athfields in die Kategorie ‚Haus' einzuordnen. Es gleicht eher einer Plastik, ein sich an den Steilhang schmiegendes Labyrinth von Kletterpflanzen durchwachsenen Wohnhöhlen, Ausgucken und Treppen. Die Grenzen zwischen Büro- und Wohnräumen sind fließend, auf der Suche nach seinem Arbeitsplatz landet man zuweilen auch mal in einem Schlafzimmer.

Das massive, betonhafte Aussehen dieser Wohnlandschaft täuscht. Im Kern ist es typisch ‚kiwi'. Selbst der Turm, in dem sich ein Atelier der Designerin Clare Athfield befindet, ist nichts weiter als ein Holzfachwerk mit aufgenageltem Streckmetall (oder Hühnermaschendraht) als Putzträger für den Zementmörtel, der mit einem Spezialanstrich wetterfest gemacht wurde. Vor fast 30 Jahren begannen die Athfields mit dem Eigenbau ihres Wohn- und Arbeitsdomizils, einem ständig wachsenden Gebilde, das sich heute den Steilhang hinunterwindet.

Als in der ersten Hälfte des 19. Jahrhunderts der Siedlerstrom aus England und Schottland die neugeborene Kronkolonie am anderen Ende der Welt erreichte, waren die meisten dieser Pioniere nach Monaten in einem schwankenden Schiffsbauch den Mietskasernen der englischen Industriestädte entronnen. Nun war das Gebot der ersten Stunde, schnell und billig ein eigenes Dach über dem Kopf zu schaffen. Die Goldgräber brachten das Wellblech als billigen Baustoff von Australien herüber. Es entstand ein winziger Schuhkarton-Haustyp mit vier kleinen Räumen, einer (anfangs nach Süden orientierten) Veranda und spitzem, holzspindelgedecktem Satteldach in Erwartung der Schneefälle, die ausblieben. Je nach Bedarf und Geldmittel wurde später angebaut.

Typisch Neuseeland. Die Kiwis sind fanatische Do-it-yourself-people und haben ein besonderes Verhältnis zum Eigenheim, eine Mietwohnung im Wohnblock gilt ihnen als unzumutbar – ein Greuel.

Viele dieser Pionierhäuser werden noch heute genutzt, meist als Wochenendhäuser, kurz *bach* genannt. Der Begriff *bach* stammt vermutlich von *bachelor* (Jungeselle) und huldigt dem Image des unabhängigen, freien Mannes in seinem einfachen Refugium. Heute jedoch, wenn Neuseelands städtische Straßen am Wochenende wie ausgestorben wirken, wenn in den großen Ferien um Weihnachten die Städter die hintersten Ecken des Landes erobern, bevölkern Familienscharen die Baches.

Neue *baches* entstehen meist in einem Prozeß des Sich-Verliebens in ein kleines Fleckchen Erde. Nach Jahren des Urlaubs im Zelt und im Wohnwagen folgt oft der Bau einer Hütte. Berühmte *Bach*-Siedlungen, ganzjährig bewohnt, sind *Birdings Flat* und *Taylor's Mistake* auf Banks Peninsula oder die Hütten der Lachsfischer an Rakaia River Mouth. Liebevoll gepflegt oder auch vernachlässigt, säumen zusammengezimmerte Hütten, ausgediente Straßenbahnwaggons oder die Überreste der ersten Pionierbehausungen wie Perlenschnüre die populärsten Outdoor-Paradise des Landes.

Der Goldrausch von 1860 brachte den Beruf des Architekten und mit einiger Verzögerung die europäischen Stile jener Zeit ans andere Ende der Welt. Es entstand eine wilde, phantasievolle Mischung aus griechischer Säulenordnung, viktorianischen Schnörkeln und Holzschuppendetails – romantische Fantasien in Holz mit reichdekorierten Erkern, Giebeln und Türmchen.

Unter dem Vorwand der Erdbebensicherheit wurden viele der viktorianischen Holzhäuser in *Downtown Wellington* abgerissen und durch ‚moderne' Bürohochhäuser ersetzt. Das 1876 aus Rimu und tasmanischem Hartholz errichtete *Government Building* (nach dem japanischen Todaiji-Tempel der zweitgrößte Holzbau der Welt) ist aus diesem Grund immer noch vom Abriß bedroht.

Selbst das Schicksal von Neuseelands stattlichster Holzkirche war bis 1966, hundert Jahre nach ihrem Bau, ungewiß. Ebenso wie seine Zeitgenossen betrachtete der Bauherr und anglikanische Missionsbischof Selwyn den Baustoff Holz als zweitklassig. Aber da 1866 eine Kathedrale im ‚wertvolleren' Stein noch nicht finanziert werden konnte, beauftragte er den Architekten und Priester Frederick Thatcher mit der Planung einer ‚vorläufigen' Holzkirche. Architekt und Hand-

*Ausflug zur Oriental Bay, Wellington*

werker machten aus der Not eine Tugend, übersetzten die Formensprache der englischen Neugotik auf geniale Weise in Holz. 1909 sollte die Kirche einer neuen Kathedrale weichen, aber der damalige Bischof im Amt lehnte einen Abriß ab. 1932 konnte der Abriß nur knapp verhindert werden (nur einige ausgewählte Gewölbekonstruktionen aus Rimu- und Totaraholz sollten in eine neue Betonkathedrale einbezogen werden). Bis zu ihrer Anerkennung als schützenswertes Baudenkmal und der Übernahme durch den Staat verhinderte eine Bürgerinitiative die Vernichtung dieses Architekturgedichtes in Holz, das heute hauptsächlich als Konzertsaal und Hochzeitskirche genutzt wird.

Wer als Tourist das Land unserer Antipoden bereist, erschrickt vor der oft erstaunlich einfallslosen Kistenarchitektur, welche die Vorstädte und Kleinstädte Neuseelands überschwemmt. Die Wirtschaftsdepression Anfang dieses Jahrhunderts hatte der Verspieltheit ein jähes Ende bereitet. In den 60er Jahren war von der Formenvielfalt nicht mehr viel übriggeblieben. Selbst die Dachneigung war bis zur Minimalneigung zur Ableitung des Regenwassers abgeflacht.

Erst Ende der 60er Jahre entwickelte sich, angeführt von zwei jungen Architekten, Ian Athfield und Roger Walker, eine neue Bewegung weg vom ‚Schuhkarton'. Eine Rebellion gegen die Einfallslosigkeit der Stadtarchitektur, gegen das wahllose Borgen vom internationalen Stil. Fantasie war baubar – auch in Neuseeland: trutzige Burgen im Häusermeer der Kistenarchitektur, in oft grellen, poppigen Farben oder groben Holzfassaden, eine Mischung von Elementen des viktorianischen Kolonialstils, Pop-art und dem ästhetischen Funktionalismus der Farmhäuser und moosüberzogenen Schafschererschuppen, die Neuseelands Landschaft prägen. Die Architekturdetails sind rauh, weniger verfeinert als bei uns, aber auch ursprünglicher. Leichtes Holzfachwerk, meist Holzverkleidung, Betonsteine oder Putz auf Streckmetall. Ideal für diese Do-it-yourself-Nation. Agrarflexrohre dienen als Regenfallrohre, Wellblech gilt seit den Tagen des Goldrausches ohnehin als klassische Dachdeckung.

Das überzeugendste Architekturbeispiel der letzten Jahre ist für mich die *Public Library* in Wellington. Neuseeland ist ein Land der Leseratten, und so ist es nicht verwunderlich, mitten in der City auf eine der schönsten öffentlichen Büchereien zu stoßen. Den Geruch einer Leihbücherei hat dieser von stählernen Nikaupalmen gesäumte Bau am *Civic Square* weit hinter sich gelassen. Seine offenen Lesesäle, das Café, die Kinderecke, die Buchhandlung und die Eingangshalle sind mehr als nur Ort zum Lesen. Es ist zu einem Treffpunkt im Stadtzentrum geworden. Architekten: Ian und Clare Athfield. Für mich ist *Ath* (so nennen ihn seine Freunde) der Inbegriff eines Kiwi. Barfuß und in Shorts entwirft er in seinem Arbeitslabyrinth am liebsten. Und irgendwie erzählt der Architekt, der Städter, seine oft haarsträubenden Geschichten von Behördendünkel und skurrilen Bauherren genauso wie die Hirten in Otago: ausgeschmückt, aber trocken, mit bissigem Humor und ländlichem Tonfall.

*Architekten Ian und Clare Athfield*

# Marlborough

Ich kann mich noch genau an meine erste Überfahrt zur Südinsel erinnern. Wir hatten die 18-Uhr-Fähre von Wellington über die *Cook Strait* genommen. Die letzten Sonnenstrahlen tauchten die Fjordlandschaft des *Marlborough Sounds* in ein fast mystisches Licht- und Schattenspiel. Und ich konnte es nicht abwarten, zu dieser spärlich besiedelten Hälfte Neuseelands zu gelangen.

Aus der Vogelperspektive ist dieses Mosaik aus Wasser und Land, dieses Labyrinth von Buchten, Meeresarmen, Inseln und Halbinseln am eindrucksvollsten. Captain Cook hat der Meerenge zwar seinen Namen gegeben, verlor aber seinerzeit fast seine *Endeavour*. Die Fregatte konnte nach einem plötzlichen Gezeitenwechsel nur mit knapper Not davor bewahrt werden, an den *Brothers* zu zerschellen. Heute warnt ein Leuchtturm vor den gefährlichen Felsklippen. Es war auch sonst ein schlechter Tag für James Cook, denn mit der Entdeckung der nach ihm benannten Meerenge zerrannen auch seine Hoffnungen, den gesuchten ‚Südkontinent' gefunden zu haben.

Diesmal regnet es in Strömen bei unserer Ankunft in *Picton.* Das ist nicht typisch. Der Nordzipfel der Südinsel bietet Neuseelands beste Wetterlage. Nur 125 Regentage und über 2400 Sonnenstunden im Jahr registrieren die Wetterstationen hier. Das macht diese Gegend nicht nur zum führenden Wein- und Obstanbaugebiet, es lockt auch zahlreiche Künstler, Lebenskünstler und sonnenhungrige Touristen an. *Nelson* kann sich sogar rühmen, daß hier mit dem ‚Chez Eelco' das erste Straßencafé Neuseelands eröffnet wurde.

Nelson (benannt nach dem Admiral), die zweite Siedlung der ‚New Zealand Company', wurde fast zur Landeshauptstadt, und Königin Victoria proklamierte das kleine Hafenstädtchen enthusiastisch als ‚City', obwohl es damals kaum 2500 Einwohner vorweisen konnte.

Heute leben 47 000 Einwohner in der ‚Hauptstadt' des neuseeländischen *Sunshine State*. In den Schaufenstern der Immobiliengeschäfte drehen sich verlockend bebilderte Kaufangebote auf Drehständern wie Brathähnchen. 200 000 NZ$ für ein Holzhaus am Meer. Da fängt das Träumen an.

Kaum 70 km von Nelson entfernt, lockt der *Abel Tasman National Park.* Im Reiseführer von 1985 ist er noch als ‚Geheimtip' aufgeführt. Heute gilt Neuseelands kleinster Nationalpark im Sommer (Dezember bis Januar) als überlaufen. Zugegeben, der *Coastal Track,* der selbst in Sandalen und ohne besondere Anforderung an Kondition bewältigt werden kann, ist nichts für Leute, die Einsamkeit und Wildnis pur suchen. Ein kurzer Blick auf die 1:50 000-Karte offenbart den Grund seiner Beliebtheit: die Kombination von Farnwäldern, Sandstränden und einsamen Buchten ist paradiesisch, und gemessen an deutschen Verhältnissen ist der Park (noch) recht menschenleer. (Zu empfehlen sind die Monate April und Mai.)

Mit einem Himbeer-Milkshake im *Park Café* in Marahau beginnen wir unsere 4-Tage-Tour durch den Nationalpark. Wir erwerben unseren Hüttenpaß, füllen das obligatorische *Intentions Book* aus und machen uns mit 12-kg-Rucksäcken auf den Weg. Proviant für vier Tage, Schlafsack, Regenmantel und Badezeug füllen unsere Backpacks. Und für den Fall überbelegter Hütten haben wir auch ein kleines Zelt geschultert. Sonnenbrille und Sonnencreme mit ausreichendem Blockfaktor im Gepäck? Gut. – Halt! Auf keinen Fall vergessen: ein Mittel gegen die berüchtigten, stecknadelkopfgroßen *sandflies*, winzige Stechmücken, deren Stiche noch Tage später jucken. Mittel gegen diese Plagegeister werden überall angeboten. Wirkungsvoll und gutriechend ist *TUI*, eine Mischung aus Olivenöl und Citronella eines Ökoproduzenten der Gegend.

In etwa 70 Meter Höhe schlängelt sich der Weg durch dichten Farnwald entlang der schärenartigen Küste. Es riecht nach Harz und dem pfeffrigen *Manuka*-Busch. Und Farne! Es gibt fast 160 verschiedene Farnarten auf Neuseeland, die meisten Arten gedeihen nur hier. Die *Mamaku* sind mit einer Höhe bis zu 20 Metern die größten Baumfarne. Sie säumen die Strände und werfen wunderschöne filigrane Schatten auf den Weg. Der Wechsel vom Strand zu schattigen Waldwegen ist angenehm, denn in der Mittagshitze mit Gepäck einen Sandstrand entlangzulaufen, begeistert nur im Reiseprospekt, ist schweißtreibend und nur durch ständiges Baden erträglich.

Als wir am Abend nach vielen Badestops die *Anchorage Hut* (25 *bunks*) erreichen, ist sie voll belegt. „First come – first serve!" Es gibt fünf Hütten entlang der Küstenroute, und sie liegen nie weiter als drei Wegstunden voneinander entfernt. Bei sternenklarem Himmel verzichten wir auf das Überzelt und schlafen unter der Sternenkuppel des Südpazifiks. Der Große Wagen steht atemberaubend kopf, traumhaft schön. Hannovers Sternenhimmel wirkt dagegen wie eine verstaubte 20-Watt-Birne.

Bis zur *Golden Bay* und *Whariwharangi* sind es noch 35 Kilometer bzw. 12 Laufstunden. Wir lassen uns Zeit. Gegen Mittag, so rät die Gezeitentabelle in der Hütte, ist es zeitsparend, die *Torrent Bay* ohne Umweg über das Watt zu durchqueren. Jetzt schlägt die Stunde unserer Gummisandalen. Priele und Schlicklöcher sorgen für nasse Füße, und barfuß zu laufen ist wegen der scharfkantigen Muscheln nicht ratsam. Stelzenläufer suchen kreischend das Weite, Krebse und Schlammkrabben sprinten in Deckung. Das Watt lebt!

Wir folgen einer lustigen Truppe deutscher Weltenbummler und einer Familie. „Moni, kannst du bitte die Pampers bringen?" Vater Mike versorgt Sohn Jonas. Die schwäbische Kleinfamilie erobert Neuseelands Wanderrouten als Trio, und Jonas ist Teil des Gepäcks. Moni trägt im Spezialrucksack Jonas und die Pampers (auch dieser Sondermüll muß wieder aus dem Park getragen werden), Mike die Vorräte, die Kleidung und das Zelt. Das sind 25 Kilo auf dem Rücken.

Einige der schönsten Buchten, Farnwälder und Strände des Tracks liegen zwischen *Bark Bay* und *Awaroa*. Tips? *Mosquito Bay, Sandfly Bay*. Die alten Namen verheißen nichts Gutes, sind aber auch kein Grund zur Besorgnis. Auch die Bedeutung von *Bark Bay* ist längst Vergangenheit. Hier wurden Rimu- und Buchenbäume geschält, deren Borke als Grundstoff zur Herstellung von Gerblauge diente. Und nur die vergessenen Granitblöcke erinnern daran, daß hier in der *Tonga Bay* die Stufen von Kirchen und Regierungsgebäuden des nahen Nelson gebrochen wurden.

Die *Awaroa*-Bucht gilt als Höhepunkt der Wanderung. Weite Strände, gewaltige Muschelbänke und ein herrliches, tief ins Land eindringendes Watt ziehen seit Jahrzehnten die Urlauber an. Mehr oder weniger gut im Buschwerk versteckt, konzentrieren sich hier die Wochenendhäuser und Lodges des Parks. Holzgeschnitzte Schilder mit Sonnenblumensymbolen locken ins neue Café.

Zwischen massivem Naturmobiliar, wahren Kunstwerken, schlürfen wir frischen Orangensaft und zahlen unsere Dollars für einen verführerischen Salat. Es gibt auch Pflaumenkuchen mit Sahne.

Zwei Stunden vor Ebbe bis zwei Stunden danach kann das tief ins Land einschneidende Watt (*awa* – Fluß, *roa* – lang) bequem zu Fuß durchquert werden. Nun folgt der Weg fast ausschließlich den Sandstränden. In weitem Schwung führen sie uns bis *Totaranui*, für die meisten Wanderer Endpunkt ihres Tracks. Nicht aufgeben! Hier beginnt der vielleicht schönste und zweifellos einsamste Teil des Parks.

Von Totaranui bis zur nördlichsten Hütte sind es noch dreieinhalb Stunden. Bis hoch zur *Anapai Bay* und *Mutton Cove* wagen sich wegen der starken Meeresströmung nur noch wenige Kajakfahrer. Hier oben in der *Golden Bay* versuchten die Europäer zum ersten Mal, das *Land der langen weißen Wolke* zu betreten.

Auf der Suche nach dem legendären Südkontinent *Terra australis incognita* war Abel Janszoon Tasman von der Dutch East India Company 1642 bis zum 49. Breitengrad vorgedrungen. Am 13. Dezember jenes Jahres stieß er auf „großes und hoch aufgetürmtes" Festland, folgte mit seinen beiden Seglern der Westküste nach Norden und ging in der *Golden Bay* vor Anker. Rauchfahnen signalisierten ihm menschliche Siedlungen.

Im Geplänkel mit den Maori, die mit ihren Kriegskanus die fremden Weißen (aus heutiger Sicht erschienen sie den Maori wie ‚Marsmenschen') angriffen, verlor Abel Tasman vier Leute. Er gab der Bucht einen sinnreichen Namen (*Murderers' Bay*) und ließ eiligst die Segel setzen, ohne zu ahnen, daß er und seine Mannschaft Neuseeland entdeckt hatten. Mit diesem Verdienst schmückte sich 1769 ein Engländer.

Wir entdecken einen Strand ohne Fußspuren. *Whariwharangi* am westlichen Zipfel des Parks ist ein kleines Paradies. Als Hütte dient ein altes zweigeschossiges Farmhaus mit gemütlicher Wohnküche und kleinen Schlafräumen, einer ausladenden Veranda unter riesigen Macrocarpa-Zypressen.

Opossum-Land. Die (für uns) so possierlichen Pelztiere, 1837 als Pelzlieferant ausgesetzt, haben sich zu einer gefährlichen, verheerenden Plage für Neuseelands Natur entwickelt. 70 Millionen an der Zahl, fressen sie nicht nur Vogeleier, sondern auch Unmengen von Blättern und zerstören systematisch Neuseelands Urwälder. Und eine Lösung ist nicht in Sicht. Schon vor Anbruch der Dunkelheit lassen sie sich ungeniert aus den Bäumen fallen, durchwühlen Mülleimer und versuchen putzig, von den Tischen müder Wanderer etwas abzustauben.

Das Abendessen gerät unerwartet zum Gourmetdinner. Marcel hatte am Nachmittag einen Sack Muscheln von den Felsen gepflückt, die nun in einem riesigen geschwärzten Topf über dem Lagerfeuer köcheln. Auch wir sind eingeladen. Lagerfeuerromantik. Die Oppossums poltern ungestört in der Küche. Es ist unser gemeinsames Abschiedsessen, unsere letzte Nacht. Morgen werden sich unsere Wege trennen. Wir werden sehr früh nach Totaranui aufbrechen, um das Wassertaxi zurück nach *Kaiteriteri* zu erwischen. Zurück in die Zivilisation.

1986, während unserer ersten Neuseelandreise, hatten wir einen genauen Zeitplan aufgestellt: zehn Wochen für die Südinsel, sechs Wochen für den Norden. Zwei Tage waren für die Ostküste bis Christchurch vorgesehen. Aber eine kleine Reifenpanne am zweiten Tag brachte alles durcheinander. Es sollte nur ein kurzer Tagesabstecher von der hier nicht aufregenden Ostküste nach *Hamner Springs* werden. Doch dem zehn Minuten dauernden Reifenwechsel folgte eine Einladung auf eine Tasse Tee ins nahe Farmhaus, von dort ging's zu einem Schafhundewettbewerb, dem sonntäglichen Lokalereignis – und schließlich blieben wir vier Tage.

## von Hunden und Walen

"Der *Dog-Trial* findet beim Nachbarn statt", erklärt mir Judy, bevor wir mit ihrem *Pick up Truck* 15 Kilometer über einen staubigen Schotterweg zum Ort des Geschehens jagen. Am Fond ihres Wagens weist ein netter Werbeaufkleber den richtigen Weg: "Wirkliche Männer tragen kein Polyester!" – Bill und Judy sind Schaffarmer.

An einem Hang scharen sich etwa 20 bis 30 *Pick ups* und Mittelklassewagen um einen windschiefen Wellblechschuppen. Neben Holz ist Wellblech seit den Tagen des Goldrausches das klassische Baumaterial Neuseelands: billig, leicht und haltbar. Hinter dem Schuppen bellt ein kleiner Generator, sorgt für kühles Bier und für Eis. Mütter verkaufen selbstgebackene *apple pies* und giftigrote, geschmacklose Würstchen, die auf Holzspießen stecken: *saveloys*. Der Erlös geht an die Zwergschule des Ortes.

Alles dreht sich um Hunde. Ohne diese vierbeinigen Helfer wären die 50 000 Farmer hilflos gegen das Millionenheer von *Merinos, Romneys, Perendales* und *Halfbreds.*

"Get in behind, Paaauull!", brüllt Bill verzweifelt. Erst ein langgezogener Pfiff zeigt Wirkung. Paul, ein schwarzweiß gescheckter *Kelpie-Collie*-Mischling umkreist mit langen Sätzen die drei Testschafe und drängt sie vorsichtig in Richtung eines Kreidekreises, dem Ziel. "Go byyy! Pauuulll!" röhrt Bill. Ein kurzer Pfiff (links rum!) und Paul schnellt im weiten Bogen um die drei verwirrten Wolltiere, kauert sich nieder, sieht ihnen tief in die Augen und bringt sie tatsächlich nach dem vorgeschriebenen 300-Meter-Slalom im Kreidekreis zum Stehen.

*Motorisiertes Team, Morven Hills Station*

Paul ist ein *eye-dog*, das sind stille, schüchterne Hunde, deren Aufgabe darin besteht, mit ihren hypnotischen Fähigkeiten die Schafe dem Farmer zuzutreiben. Ganz im Gegensatz zu den größeren *huntaways*, die durch ihr Bellen die Herde vom Hirten wegtreiben. „Beide arbeiten sehr unterschiedlich", beginnt Bill seinen Schnellkurs über Schafhunde, „beide sind unersetzlich für uns Farmer. Während der *huntaway* grob ‚Hau ab' bellt, fragt Paul eher höflich: ‚Willst du nicht mitkommen, Schaf?"

Sogenannte *Dog Trials* sind eine neuseeländische Erfindung, die ersten Hirtenhund-Wettbewerbe wurden vermutlich 1867 in Otago ausgetragen. Heute sind die nationalen Meisterschaften ein wichtiges Sportereignis und werden *live* im Fernsehen übertragen. Und Murray Ball erzählt in *Footrot Flats*, dem populärsten Kiwi-Comic, lästernd die unendlichen Abenteuer von *Uncle Wal'* und seinem Hirtenhund *Dog*. Die Geschichten über den vierbeinigen Nationalhelden sind Standard-Klolektüre am anderen Ende der Welt.

Hunde wie Schafe sind ‚Einwanderer'. Vor der Besiedlung durch den Menschen gab es außer zwei Arten von Fledermäusen keine Säuger auf diesen isolierten Inseln im Pazifik. Um 800 n. Chr. brachten die ersten Polynesier auch die ersten Säugetiere in ihren Kanus mit: Ratten und Hunde. Es waren eßbare Hunde, Vorratsfleisch für lange Reisen. Als Cook 1770 im Queen Charlotte Sound vor Anker lag, übergaben ihm einige freundliche Maori als Gastgeschenk einen gekochten Hund. Für Cook war das Gericht kaum von erstklassigem Hammelfleisch zu unterscheiden. Nach unvermeidlichen Kreuzungen mit Pakeha-Hunden wurde das Fleisch der Mischlinge für die Maori allerdings ungenießbar. Heute finden Hunde deshalb nur noch als *working dogs* und Spielkameraden Verwendung.

Obwohl in Sicht- und Hörweite, kümmert sich außer den beiden Preisrichtern die Gesellschaft nur beiläufig um das Gejohle, das Pfeifen und Bellen der Kontrahenten. Ein Schwatz, zwei Bier sind wichtiger, denn oft bekommt man seine Nachbarn nicht zu Gesicht.

Der Ort *Kaikoura* ist der Touristenmagnet der Ostküste. Auf Maori bedeutet der Name ‚Hummer essen', aber *Whale Watching* hat dem Gourmetangebot längst den Rang abgelaufen. Jährlich hoffen über 40 000 Touristen, auf ihrem zweistündigen Bootstrip vor der Ostküste der Südinsel eine Walflosse zu entdecken. Die großen Meeressäuger üben auf mich eine unerklärliche Faszination aus. Schon als Kind in Australien starrte ich besonders hartnäckig hinaus aufs Meer, immer darauf hoffend, irgendwann einmal einen Wal zu entdecken.

Bevor wir um fünf Uhr noch vor Sonnenaufgang in das 12-Meter-Powerboot klettern, erklärt uns Marcus im Schnellkurs die Meeresfauna und den Grund, warum es die Wale gerade in diese Ecke Neuseelands zieht. Kurz: Die kalten und warmen Meeresströmungen, die hier zusammentreffen, produzieren reichlich Plankton, von denen sich Tintenfische ernähren. Und diese bis zu 12 Meter langen Weichtiere (so lang wie unser Boot) sind das bevorzugte Mahl der Pottwale.

Mit einem selbstgebastelten Unterwassermikrophon versuchen unsere Führer, die bis zu 20 Meter langen Wale, denen sie Namen wie *Joe, Splash, Elefantenohr* oder *Robert Redford* (seine Schwanzflosse ist besonders schön) gegeben haben, zu orten. Dann entdeckt jemand eine kleine Wasserfontäne – das muß ‚Joe' sein. Er ist es! Für ein paar Minuten treibt er wie ein schrumpeliges U-Boot an der Wasseroberfläche, um dann wieder in bis zu zwei Kilometer Tiefe abzutauchen. Das ist der Moment, auf den wir alle gewartet haben. Wassertriefend und wie im Zeitlupentempo hebt sich die Flosse für Sekunden aus dem Wasser, wie ein letzter Gruß.

Den zweiten Wal verpassen wir. Der Enttäuschung folgt schieres Entzücken, denn plötzlich schwimmt eine Delphinschule für Minuten spielerisch neben uns her. Zunächst sieht man nur zwei, drei, aber es sind fünfzig, sechzig dieser eleganten Schwimmer. Da haben sich die 90 Dollar gelohnt.

Ein paar Stunden später haben wir Christchurch erreicht. Eine anglikanische Modellstadt sollte es werden, dieses Christchurch. Den Stadtplan hatten die ersten Siedler, die

1850 in der Bucht von Lyttelton an Land gingen, gleich mitgebracht. An Bord waren nur Passagiere, denen das Zeugnis ihres Pfarrers einen „ordentlichen, fleißigen und ehrlichen" Lebensstil bescheinigte. Bis 1855 waren 3549 Einwanderer angekommen. Die Initiatoren E. G. Wakefield und J. R. Godley suchten ‚Gentlemen Farmers', die sich in eine dörfliche Gemeinschaft einordnen würden. Die Wirklichkeit forderte jedoch Pioniere, die den Busch rodeten und sich über Jahre in einer kleinen Hütte lebend von Fleisch, Brot und Kartoffeln ernähren konnten. Der Traum eines Kirchenstaates zerplatzte, geblieben ist eine sehr britische Stadt mit gepflegten Parks, neugotischer Steinarchitektur, Ruderclubs und ein von Weiden gesäumtes Flüßchen namens *Avon* (ein Tribut an den schottischen Fluß, nicht an Shakespeare).

Im Mittelpunkt der quadratisch angelegten Stadt liegt der *Cathedral Square*, eingerahmt von Büro- und Geschäftshäusern, von Hotels und der Post. Mittlerweile serviert am Cathedral Square jeder zweite Imbiß Asiatisches. Christchurch ist fest in japanischer Hand und zählt neben Rotorua und Queenstown zum Pflichtprogramm einwöchiger Kurzreisen japanischer Urlauber.

Mittags strömen die Touristen zum *Cathedral Square*, um den Wizard zu erleben. Seit 1970 gelingt es dem (in Australien geborenen) Monarchisten und Philosophen, von einer Trittleiter herunter über Mittag riesige Menschentrauben anzulocken und zu unterhalten. Im Winter in Schwarz und im Sommer in Weiß gekleidet, provoziert er jedes Thema von Gott bis zur Queen und mit Vorliebe über Feminismus.

Zugegeben, wir kennen den Wizard nur vom Hörensagen, uns hält meist das *Arts Centre* in Bann. Die ehemalige Universität ist seit einigen Jahren mit neuem Leben erfüllt: Theater, Kunst und Kunsthandwerk. Am Samstag ist die Chance besonders groß, ein paar wunderschöne handgearbeitete Gegenstände oder Dritte-Welt-Produkte zu erstehen. Dann wetteifern auch dutzende Imbißstände (thai, kroatisch, vietnamesisch, ungarisch ...) mit kleinen Leckerbissen um Kunden. Es bruzzelt, schmort, riecht fantastisch und man weiß überhaupt nicht, ob man den

Lunch mit einem Crêpe oder einer Frühlingsrolle beginnen soll.

Während im *Arts Centre* die bunten selbstgestrickten Pullover einer alternativen Kulturszene schon nicht mehr auffallen, dominieren im gegenüberliegenden College schwarz-weiß gestreifte Blazer. Das *Christ's College*, eine der ältesten und renommiertesten Privatschulen in Neuseeland, wurde 1857 gegründet. Bis zur Jahrhundertwende zogen es die reichen Großgrundbesitzer der Canterbury-Ebenen vor, ihre Söhne auf Privatschulen nach England zu schicken. Immerhin wurde das Tragen der *Straw Boater*-Hüte vor einigen Jahren zum Leidwesen der Touristen und zur Freude der Schüler abgeschafft.

In Christchurch ist nicht nur ein kleiner Abstecher zum Seevorort *Sumner* zu empfehlen, es lohnt sich auch, mit der Seilbahn hinauf zum *Mount Cavendish* zu fahren. Im Spätherbst hängt eine braungraue Dunstglocke über der Stadt, denn es wird noch viel mit Kohle geheizt. Über der Dreckschicht leuchten im Westen die Schneegipfel der Südalpen, nach Osten blickt man weit über die tief eingeschnittenen Buchten und Meeresarme der *Banks Peninsula*.

Auf seinen ansonsten genauen Karten zeichnete Captain Cook die Halbinsel fälschlicherweise als Insel ein und benannte sie nach dem Botaniker seiner Mannschaft *Banks Island*. Damals waren die Abhänge der Halbinsel noch bewaldet. Die Matai- und Totarawälder lieferten später das Bauholz für Christchurch und für die Werften *Lytteltons*, Brandrodungen machten dem Baumbestand schließlich vollends den Garaus.

*Banks Peninsula* war uns eine der liebsten Ecken Neuseelands. Im Gegensatz zu der weiten Ebene der *Canterbury Plains* fanden wir hier eine wilde, sturmzerzauste Gegend vor, die man über eine kurvenreiche, labyrinthartige Höhenstraße (mit ständig überraschenden Ausblicken) erobern kann. Die oft nur unvollkommen überwachsenen Lavaströme verraten den vulkanischen Ursprung dieser fingerartig in den Pazifik ragenden Halbinsel. Schmale Straßen führen hinunter zu windgeschützten, oft menschenleeren Buchten. Auch bei Regen und dichtem Nebel hatte die Halbinsel ihren Reiz, Straßenfluchten und Weidezäune verliefen nach hundert Metern im Nichts. Bei solchem Wetter entstand während unserer ersten Reise das so typische Bild eines Kiwi-Farmers in gewachstem Segeltuchmantel und in Gummistiefeln, umgeben von seinen Schafhunden, die uns (überall in Neuseeland) durch ihre Friedfertigkeit überraschten.

Der erste Farmer, dem wir 1994 das Bild des ‚Farmers im Nebel' zeigen, erkennt ihn auf Anhieb: "Hey, das ist Rex, mein Vetter." Der Befragte kennt sich auch sonst hervorragend aus, er ist im Nebenberuf Curator des kleinen Museums in *Okain's Bay*. Was ist aus dem alten Krämerladen in der *Pigeon's Bay* geworden? wollen wir wissen. Längst geschlossen!

Rex ist leider nicht zu Hause, aber kaum haben wir das Haus betreten, stellt seine Frau Dorothy schon den Wasserkessel an. Tea Time. „Ja, die Hunde, sie leben alle noch, nein, Jenny ist gestorben, aber sehen Sie den hellbraunen Beardie, der ist immer noch ein toller Hund." Dorothy zeigt zur Garderobe: „Und den alten gewachsten Regenmantel trägt Rex immer noch am liebsten."

Fast wäre die Halbinsel französisch geworden. Die Franzosen kamen, als die Tinte auf dem Vertrag von Waitangi gerade getrocknet war, allerdings fehlte ihnen der koloniale Ehrgeiz. Eigentlich schade. Dann würde heute das Kiwi-Frühstück nicht aus *Ham and Eggs on Toast* und Instantkaffee bestehen, sondern aus *Croissants* mit einer großen Schale *Café au lait* wie in den Cafés von Akaroa (‚Langer Hafen'). Würden dann die Franzosen ihre Atombomben nicht im Pazifik testen? Und wie würden Aussies und Kiwis kommunizieren?

1840 gegründet, gibt sich das chic aufgeputzte ‚Little France' alle Mühe, frankophile Touristen anzulocken. Die malerischen (allerdings viktorianischen) Holzhäuser an der Uferpromenade sind frisch gestrichen. Es riecht nach Lavendel und natürlich nach Croissants. Oh, là là! Im Restaurant ‚Astrolabe', benannt nach dem Schiff des französischen Forschers D'urville, kommt die köstliche Kumara-Bacon-Soup in einer tiefen Terrine, gefolgt von ‚green-lipped mussels' in Weißwein und einem ‚Salade Vinaigrette'. So gut, daß wir mit dem Baguette auch noch die Teller polieren.

Drei Pässe auf der Südinsel verbinden die Ostküste mit der Westküste: *Haast Pass*, *Lewis Pass* und *Arthur's Pass*. Arthur, Landvermesser und ihr ‚Entdecker', folgte den alten Greenstone-Pfaden der Maori. Die insgesamt 193 Kilometer lange Straße, die seit 1865 Greymouth an der Westküste mit Sheffield verbindet, sollte ursprünglich dazu dienen, das Gold der Westküste nach Christchurch zu lenken. Heute gilt der *Arthur's Pass* als die schönste Paßstraße der Insel. Aber auch die Bahnreise über diesen Paß gehört zu den Highlights der Südinsel.

Makellos blau wölbt sich der Morgenhimmel über Christchurch. Ein perfekter Tag, um den *Tranzalpine-Express* über *Arthur's Pass* nach *Greymouth* zu besteigen. Von numerierten Sitzplätzen aus ist die Sicht durch die Panoramafenster grandios. Vor Darfield kündigt der Schaffner und Entertainer des Zuges *Rosie* an. Während wir auf die Durchfahrt eines Kohlenzuges warten, bringt der Steward die Reste unserer *pies* hinaus auf den Bahnsteig. Denn dort wartet die 17jährige Hündin seit ebensovielen Jahren tagtäglich mit tropfender Schnauze auf ihren Lunch. Mittlerweile als Touristenattraktion anerkannt, wird ihr die Gemeinde nach dem Tod sicher ein Denkmal setzen. Sheffield. Springfield. Kaum haben wir das Flickenmuster der Felder der *Canterbury Plains* hinter uns gelassen, verschwindet auch schon die Sonne, und der Zug windet sich in langen Schleifen hinauf in die Berge.

Die sich malerisch türmenden Wolkenberge hätten uns warnen müssen. Die Südalpen sind die Wetterscheide der Südinsel, und noch weit vor dem Arthur's Pass beginnt es zu regnen. Da wird es auf der offenen Plattform am Ende des Zuges ungemütlich. Dieselschwaden, eisiger Wind und stockdunkle Tunnel treiben uns zurück in den Speisewagen. Tea-Time. ‚Morning Tea' und Sandwich-Häppchen sind im Preis inbegriffen. Unsere Sitznachbarn sind ein paar japanische Teenager („Wir sind gestern abend angekommen."), zwei Amerikaner auf einem 40-Day-World-Trip („Wir fliegen morgen früh nach Sydney!") und ein australisches Farmerehepaar („Wir kommen jedes Jahr für zwei Monate nach Christchurch.").

Hinter dem 8,6 km langen *Otira*-Tunnel wird der Himmel noch dunkler. Westküstenwetter. 5000 Millimeter Niederschläge verrät die Wetterstatistik. *Otira* ist eine

Sammlung verwitterter Holzhäuser hinter einer frisch gestrichenen Bahnstation. In Greymouth regnet es erbarmungslos in Strömen. Der einstündige Aufenthalt reicht gerade für einen Cappuccino und einen zehnminütigen Sprint durch dieses ehemalige Kohlengrubenstädtchen, das der Tourismus inzwischen ein wenig wachgeküßt hat. Der Regen macht die größte Stadt an der Westküste nicht sympathischer, macht ihrem Namen alle Ehre. Gottlob lernen wir wenigstens *The Barber* nicht kennen, ein Wind so kalt und scharf wie ein Barbiermesser.

## Ostküste

Zurück an der Ostküste. Das Wetter könnte nicht besser sein. Wieder *on the road*. Bei *Timaru* verläßt der *Highway 1* die Canterbury Plains und folgt der Küstenlinie. Als wir 1986 auf dem Weg nach Süden durch Timaru kamen, konzentrierten sich in der kleinen Hafenstadt die Wirtschaftsprobleme des Landes wie unter einem Brennglas. Alles drehte sich um Schafe. Während 2000 Schlachthofarbeiter die Verladung von Lebendschafen nach Mexiko verhinderten, formierten sich auf der Hauptstraße 5000 Farmer zu einem Protestmarsch gegen die Regierung und die Schiffsblockade der Gewerkschaft. Eine Hundertschaft Polizisten hielt die beiden feindlichen Parteien nur mühsam auseinander.

17 000 Schafe sollten versuchsweise mit einem der in Australien häufig eingesetzten *floating hotels* verschifft werden. Der tierquälerische Transport rief den Protest der Tierschützer hervor, dem sich die Schlachthofarbeiter allzugerne anschlossen. Denn sie sahen ihre 30 000 Mann/Frau starke Zunft gefährdet, wenn die Lämmer 30 Tage später in einem anderen Kontinent ihr Leben lassen müssen. Die Farmer wollten hingegen ihre Überproduktion an den Mann bringen – lebend oder tiefgefroren.

Der Wetterbericht („möglicherweise Regen") bewahrheitete sich. Die Arbeiter am Kai (in ihrer Mehrzahl Maori) drückten sich in die Regenschatten der Busse und mobilen Imbißbuden. „Job-Exporter!" klagten die Fabrikarbeiter auf Pappschildern und „I am against live sheep export!" Die Gewerkschaftsführer hielten kämpferische Reden, aber das Tagesgespräch der Arbeiter drehte sich um den Streik, den sie seit Wochen für 15 % mehr Lohn führten.

„Was braucht ihr Lohnerhöhung?" höhnten die Farmer herüber, „mit euren 500 *bucks* die Woche verdient ihr dreimal so viel wie wir." Auch den Farmern ging es erst in zweiter Linie um Schafe. Sie fühlten sich von der Regierung verraten und zeigten wütend in die Zukunft: „No farmers – no future!" Fast täglich berichteten damals die Zeitungen von jungen Farmern, die wegen 28 %iger Zinsen und halbierter Erlöse Konkurs anmelden mußten. „Wir können unsere Rechnungen nicht mehr bezahlen!" klagten die Bauern und die Städter antworteten ihnen fast im Chor: „Ihr habt eure Rechnungen nie bezahlen müssen!" Auch sie hatten recht.

Tatsache ist, daß die Regierung erst nach 1984 die Landwirte auf Hungerdiät setzte und die Subventionen strich, welche die Farmer jahrzehntelang über die realen Marktchancen ihrer Lämmer und Wolle hinwegtäuschten. Neuseeland war nicht mehr die ‚Farm' Großbritanniens in Übersee. Seit dem EG-Beitritt kauften die Briten beim Nachbarn. Ein Schock, den die Kiwis nur schwer überwanden, weil sie die Stufenleiter des Wohlstands heruntergestoßen wurden.

In den 50er Jahren galt der Inselstaat im Pazifik, der „auf dem Rücken der Schafe wohlhabend wurde", nach den USA und Kanada als drittreichste Nation der Erde. 1965 lagen die Neuseeländer mit ihrem Pro-Kopf-Einkommen noch auf Rang 8, Ende der 80er Jahre waren sie auf Platz 25 abgerutscht. 1994 haben sie sich wieder auf Platz 18 verbessert (Deutschland auf Platz 11).

Achtzig Kilometer südlich liegt *Oamaru*, „der Ort, wo Fleisch getrocknet wird". Gemeint ist das Beutefleisch der Maori. Jahrhunderte später segelten von hier die ersten Kühlschiffe mit Hammelfleisch nach Europa. Neuseelands Vormarsch auf die Fleischmärkte der Welt hatte im Grunde mit einem Desaster begonnen: der Wirtschaftskrise von 1878. Nach dem Zusammenbruch der großen Londoner Banken waren die Preise für Weizen und Wolle in den Keller gefallen, für Neuseeland eine Katastrophe. Die Zauberfee, die Neuseeland aus der hoffnungslos scheinenden Sackgasse heraushalf, hieß *Dunedin*: Das Kühlschiff war am 13. Februar 1883 von Port Chalmers auf der Südinsel losgesegelt, mit Milchprodukten und Gefrorenem an Bord. Die Europäer ließen sich schnell und nachhaltig von der Qualität überzeugen, der Startschuß für eine prosperierende Kühlfleischindustrie, die Neuseeland innerhalb weniger Jahre zu einem der wohlhabendsten Länder der Erde werden ließ.

Die Hafenstadt Oamaru ist auch bekannt für ihre weiße Kalksteinarchitektur, deren extrem weiches, poröses Baumaterial in unmittelbarer Nähe abgebaut wird. Das Gestein, das mit der Säge und sogar mit dem Messer bearbeitet werden kann, härtet bei sachgemäßer Verarbeitung und Lagerung an der Luft aus: ein Material, wie geschaffen für die komplizierten Schnörkel korinthischer

Säulenkapitelle, welche die meist neoklassizistischen Bauwerke schmücken.

Ich suche unwillkürlich die *Eden Street*. Der erste Band der Autobiographie von Janet Frame konzentriert sich auf das Haus ihrer Kindheit in Oamaru, wo sie in den 30er Jahren lebte. Die Neuseeländerin Jane Campion hat mit *An Angel at my Table* einen bewegenden Film darüber gedreht. Das Portrait der rothaarigen, scheuen Janet, die aufgrund einer falschen Diagnose viele Alptraumjahre in einer geschlossenen Nervenheilanstalt verbrachte. Der an sie verliehene Literaturpreis bewahrte sie schließlich (in letzter Minute) vor einer deformierenden Gehirnoperation.

38 km südlich von Oamaru liegen die *Moeraki Boulders*, ein geologisches Kuriosum. Ihre Form erhielten die bis zu vier Meter im Durchmesser großen tonnenschweren Steinkugeln nicht durch die Arbeit der Wellen, sondern durch einen vor 60 Millionen Jahren begonnenen chemischen Prozeß (Ablagerungen) auf dem Meeresboden. Der Sage nach sind die *Boulders* die runden Vorratskörbe des legendären Kanus *Araiteuru*, das, von *Hawaiki* kommend, hier zerschellte. Die Vorratskörbe mit Süßkartoffeln *(kumara)* wurden an Land geschwemmt und verwandelten sich in Steine. Viele der kleineren Kugeln sind im Laufe der letzten Jahre von Souvenirsammlern in anonyme Vorgärten verschleppt worden. Mehr das Gewicht als das Gesetz bewahrt nun die letzten Vertreter vor der ‚Ausrottung'.

Wir nähern uns *Dunedin*. Die Maori nannten den Ort *Waitouati*, die schottischen Einwanderer gaben ihm 1848 den vergessenen gälischen Namen *(Edin on the hill)* ihrer Hauptstadt Edinburgh. Auch hier brachten die ersten 300 Siedler die Stadtpläne und Straßennamen mit. Nach der Spaltung der schottischen Presbyterianer sollte am anderen Ende der Welt eine Stadt voll „Frömmigkeit, Fleiß und Redlichkeit" entstehen. Was die Klischees angeht, ist Dunedin sehr schottisch geblieben. Auf dem *Octagon* grüßt Volksdichter Robert Burns von seinem Denkmal. In der Hauptstadt Otagos gibt es Highland Games, Neuseelands einzige Whiskydestillerie und sogar einen Kilt-Schneider. Während des Goldrausches um 1860 (innerhalb von zwei Jahren wuchs die Stadt von 12 000 auf 60 000 Einwohner) war Dunedin reichste Stadt und Finanzzentrum des Landes.

Dunedin liegt am Ende eines 20 Kilometer langen Fjords. Als Captain Cook 1770 die Küste Otagos passierte, übersah er diesen natürlichen Hafen, der von der Otago Halbinsel gebildet wird. Eine Rundfahrt über die *Otago Peninsula* ist ein Muß. Eine kurvenreiche ‚untere' Küstenstraße führt bis zur Albatroskolonie am *Taiaroa Head* und eine ‚obere' mit schöner Aussicht über den Kamm zurück nach Dunedin.

Die *Catlins* sind eine jener Ecken Neuseelands, die man ohne Wohnmobil links liegen läßt. Unser ‚Geheimtip'! Allerdings nur mit vollem Benzintank zu empfehlen. Tankstellen sind entlang der meist unasphaltierten Piste eine Seltenheit. Benannt (aber falsch geschrieben) wurde der einsame Küstenstreifen im Südosten der Südinsel nach einem australischen Walfänger namens Cattlin. Eine bizarre Steilküste und traumhafte, menschenleere Sandstrände, Urwälder mit Podocarp-, Kauri- und Totarabäumen, malerische Wasserfälle – diese vergessene Ecke

*Protest der Schlachter, Hafen von Timaru*

abseits der Hauptstraße zwischen *Balclutha* und *Invercargill* ist zu jeder Jahreszeit einen mehrtägigen Abstecher wert.

Der Campingplatz von *Kaka Point* ist im Herbst schon geschlossen, und wir parken unser Wohnmobil an einer Ausbuchtung der Küstenstraße. Entfernung zum Strand: fünf Meter. Verkehrsaufkommen: zwei Autos bis Mitternacht. Aussicht: der wild romantische Leuchtturm am *Nugget Point*.

Der Leuchtturm gilt als der älteste, ständig genutzte Leuchtturm in Neuseeland und thront in dramatischer Lage über der felsigen Steilküste. Die „Nuggets" sind ein Dutzend schroffe Felsbrocken, die sich wie Wellenbrecher um die Landzunge gruppieren. Auf einem kaum erkennbaren Pfad klettern wir weiter die Klippen hinauf und suchen uns einen windgeschützten Aussichtspunkt hoch über dem Leuchtturm, suchen mit dem Fernglas die Klippen nach den zierlichen Gelbaugenpinguinen, Seelöwen und den bis zu vier Tonnen schweren See-Elefanten ab, die hier zu Hause sind. Statt einer Stunde bleiben wir bis zum Sonnenuntergang. Wenn sich die Sonne langsam hinter den Horizont schiebt, könnte man an der Theorie von Kolumbus zweifeln. Aber die Welt ist nun einmal rund und irgendwo dort hinten liegt der Südpol – und dazwischen nichts außer Wasser und Eis.

Wir sind am südlichsten Zipfel der Südinsel angelangt: *Southland*. Hauptstadt ist *Invercargill*, ebenfalls eine Stadt mit schottischen Wurzeln und den Straßennamen schottischer Flüsse. Die Schotten fühlten sich offensichtlich in der nassen, sturmumtosten Ecke besonders wohl. Invercargill steht auf der Liste der Arbeitslosenzahlen ganz oben und fehlt in der Regel auf den Listen der Reisebüros. Zugegeben, die Uhren gehen hier langsamer: im Mai hängt noch die Weihnachtsdekoration in den Straßen. Doch mit seinen viktorianischen Fassaden und Arkaden an der Hauptstraße muß sich Invercargill nicht verstecken.

Südlich von hier liegt nur noch *Bluff*. Neuseelands *Land's End*. Das Flutlicht von *Tiwai Point*, eine der größten Aluminiumschmelzen der Welt, hatte eine Stadt vorgetäuscht. Aber im Grunde besteht *Bluff* nur aus einer langen Uferstraße, und es scheint, als werde sie an beiden Enden von einem Milchladen bewacht. Auf der einen Straßenseite liegt das Meer, auf der anderen reihen sich einige Geschäfte, ein Hotel, Pubs und Imbißstuben.

Donnerstagabend am Ende der Welt. Der *Fish'n' Chip-Shop* in der Main Street ist offensichtlich die lokale Anlaufstelle für das Dinner. Hier gibt es nicht nur Bratfisch, sondern auch Austern, Pommes mit Salat und einen Berg *deep fried oysters*. Macht 15 NZ$. Für fritierte Austern schmecken sie sogar passabel.

Ständig kommen neue Kunden herein, rufen schon an der Tür ihre Bestellung und verschwinden wieder in ihr vor der Tür geparktes Auto, um dort zu warten. „Freitagnacht ist hier die Hölle los. Dann ist Fish'n' Chip-Day. Diese Gewohnheit haben wohl die Katholiken mitgebracht", lästert Mike. „Ein paar Leute kommen täglich, die haben zu Hause wohl keinen Herd." Mir schaudert bei dem Gedanken. Würde ich dann auch nicht mehr in den Jogginganzug passen?

Nebenbei laufen die Abendnachrichten in der Flimmerkiste über dem Tresen. *Thumper*, der einbeinige Kiwi, ist auf dem Weg der Besserung, berichtet der Sprecher. Ein Vertreter dieser flugunfähigen, halbblinden Nachtvögel, nach denen sich die Neuseeländer nennen, war in der Nähe des Milford Sound von einem Auto angefahren worden und zwecks Beinamputation nach Palmerston North geflogen worden. Im nächsten Beitrag aus London zeigt ein Überlebender sein vom fleischfressenden Killervirus angegriffenes Bein. Cricket. Rugby. Wetter.

In Bluff haben wir eine Adresse. Golffreunde meiner Eltern in Perth (Australien) hatten ihnen die Adresse ihrer Eltern gegeben. „Fred und Myrtle freuen sich bestimmt über euren Besuch, sie sind beide über 90 Jahre alt und leben im südlichsten Haus Neuseelands."

Das mit dem südlichsten Haus stimmte nicht ganz, aber die beiden freuten sich tatsächlich – obwohl täglich Busladungen von Touristen durch ihr Muschelhaus strömen. Fred und Myrtle sind Berühmtheiten *downunder*. Ihr Haus gleicht einem Aquarium ohne Wasser. Die Wände sind über und über mit Abalonemuscheln dekoriert. Die meisten Neuseeländer kennen das Paar aus der Werbung. Da stehen sie beide inmitten ihres Muschelzimmers und halten dem Betrachter ein *Tip-Top-Bread* entgegen. Als würde Weißbrot ein langes Leben garantieren.

Die *Abalone*-Muschel oder *Paua* ist nicht nur als Delikatesse geschätzt, ihre bläulichrot schillernde Schale wird von den Maori zu Schmuck verarbeitet, hier dient sie gar als Tapete. Schelmisch zeigt Fred auf eine der tausend Muscheln: „Sieh Dir die an! Die lieb' ich überhaupt nicht!", und nach einer kurzen Kunstpause löst er das Rätsel: „Mit der hat der ganze Zauber einmal angefangen." Ganz nebenbei erzählt er mir seine Lebensgeschichte. Die beiden betreiben über 22 Jahre eine Milchbar in *Bluff*, die lokale Nachrichtenbörse sozusagen. Und betreffs Familienstatistik ist festzuhalten: 8 Kinder, 29 Enkelkinder und 22 Urenkel. Weihnachten wird zum Alptraum.

Nun hält schon der zweite Bus des Vormittags draußen vor dem grellblau gestrichenen Einfamilienhaus mit dem Beton-*Moa* (eine ausgestorbene Laufvogelart) im Vorgarten. Eine Schulklasse aus Wellington. Der Eintritt ist frei. Allerdings gibt es Ansichtskarten zum Verkauf und eine Spendenbüchse.

## Schafe, Schafe

Karfreitag – sechs Uhr früh. Der Wetterbericht für das *Southland* ist vielversprechend. Langsam, fast im Schrittempo, zieht Graham den Hubschrauber aus dem dichten Bodennebel des *Waikaia*-Flußes. Nur das Notwendigste haben wir mitnehmen können: warme Kleidung, zwei Kameras, Filme, Daunenschlafsäcke.

Wir hatten Sharky, den Manager von Neuseelands größter privater Schaffarm, durch Zufall kennengelernt – durch Empfehlung eines Anglers, der morgens an unser wild plaziertes, von Rauhreif überzogenes Leichtzelt klopfte und uns zum Morgentee einlud. Sharky, Mitte Fünfzig, war genau der Neuseeländer, wie ich ihn mir vorgestellt habe und vorstellen werde: sonnengegerbtes Gesicht, Zweitagebart, Karohemd und

*Herbstabtrieb in den Garvie Mountains*

schwere Wollhosen, ruhig und durch nichts zu erschüttern. „Wenn ihr Zeit habt", so hatte er uns vorgeschwärmt, „dann kommt in drei Wochen wieder. Im April treiben wir die Hammel hinunter zur Farm. Unser Pilot kann euch vielleicht an einer Hütte absetzen, wenn er Proviant einfliegt." Wir hatten Zeit!

Alljährlich um Ostern brechen im Süden Neuseelands, genauer gesagt in *Glenaray*, neun berittene Männer mit sechzig Hunden und sechs Packpferden in die Abgeschiedenheit der *Garvie Mountains* auf. Zwei Wochen lang dient ihnen *Jack Mack's Hut* als Basis für das größte und vielleicht letzte Unternehmen dieser Art in Neuseeland: den herbstlichen Abtrieb von 14 000 Hammeln aus dem *High Country*, hinunter zu den Winterweiden der alten Pionierfamilie Pinckney.

Die Crew war schon vor zehn Tagen in die Wildnis aufgebrochen, saß nun allerdings wegen schlechten Wetters untätig fest. Die Vorräte gingen zu Ende. „Zwei Flaschen Rum schlagen nur unnötig aneinander, packt gleich eine Kiste ein", hatte Jake (der Koch und Packer der Truppe) über das Radio als SOS-Funkspruch gefordert.

Die Kartoffeln, Kohlen und Kohlköpfe hatte die alte Miss Pinckney zwar genehmigt, nicht aber die ‚Kiste', obwohl der *Hughes 500* auch das noch geschafft hätte. Wir folgen für ein paar Kilometer dem Flußlauf. Auf der Höhe einer Betonbrücke zieht Graham den Helikopter nach links über gepflegte grüne Weiden und kleine Laubwälder an den Flanken des Hochlands hoch. Schon nach wenigen Minuten ist *Bush Hut*, eine Wellblechhütte unterhalb der Baumgrenze, überflogen und zwanzig Minuten später landen wir neben *Jack Mack's Hut*. Wir sind in einer anderen Welt: wildes, unnahbares Hochland, meterhohes Büschelgras.

Seit unserer ersten Reise zu den Antipoden hat Karl eine Vorliebe für das offene büschelgrasbestandene Hochland und die weich dahinrollende Wiesenlandschaft der Schafweiden. Letztere sind allerdings das Produkt einer konsequenten Zerstörung der heimischen Wälder durch den Menschen – eine ökologische Katastrophe. Noch vor 200 Jahren waren zwei Drittel Neuseelands von immergrünen Wäldern bedeckt – ein Viertel ist übriggeblieben. Der Rest fiel den Brandrodungen der Maori und dem Kahlschlag der europäischen Siedler zum Opfer – geopfert auf dem Altar der Schaf-Monokultur, der Preis für den Wohlstand dieser einstmals britischen ‚Farm' im Südpazifik.

Die von James Cook gelandeten vier Schafe überlebten nur wenige Tage. Erst sechzig Jahre später wurden aus der benachbarten Kolonie Australien *Merinos* importiert, und bis zur Jahrhundertwende grasten schon 14 Millionen auf der Doppelinsel. Heute haben *Romney*-Schafe die *Merinos* verdrängt. Sie tragen zwar weniger Wolle, wachsen jedoch schneller ins schlachtreife Alter. Im rauhen Klima des *High Country* haben sich *Halfbreds*, eine widerstandsfähige Kreuzung von *Merinos* und *Romneys*, am besten bewährt.

Die Holzhütte mit Wellblechhaut hat Tradition. Unter der Schräge hängen noch ein paar Pin-ups aus den 50er Jahren, und die auf die Holzbalken gekritzelten Eintragungen der *mustering*-Mannschaften lassen sich sogar bis in die 30er Jahre zurückverfolgen. Am Kopfende der knapp 40 qm großen Hütte befinden sich der Herd und die Vorrats-

*Feierabend der Hirten in Bush Hut*

regale, gegenüber die Schlafkojen der Hirten und in der Mitte ein langer, rauher Holztisch und ein paar Bänke. Anton, mit 20 der jüngste der Truppe, zeigt uns den in einen Sparren geritzten Namen seines Großvaters, der vor 30 Jahren *head shepherd* von Glenaray war. Wie die meisten Männer arbeitet Anton als Angestellter der Farm, nur Ray und Terry sind selbständige Farmer aus der Nachbarschaft. Für sie ist der Herbstabtrieb bezahlter Urlaub mit Cowboyromantik und ein wenig Abenteuer, eines der letzten dieser Art in Neuseeland.

Die *boys* scheinen unsere Ankunft trotz des lärmenden Choppers kaum zu bemerken. Ohne von ihren Karten hochzusehen, murmeln sie ein dürftiges „G'day" als Begrüßung und halten Distanz. Unser Besuch bricht mit einer Tradition der Hütte: ich bin die erste Frau, die hier an einer *muster* teilnehmen darf. Einen Platz zum Schlafen finden wir in der gemütlichen Hütte allerdings nicht. Wir übernachten in unseren Daunenschlafsäcken bei Minustemperaturen in der nahen Sattelhütte, zwischen Hafersäcken, Spreu und schweißigen Sätteln.

Nebel und Schneeregen fesseln die Männer nun schon seit zwei Tagen an die Hütte. Nur zweimal am Tag unterbrechen sie ihr 500-Kartenspiel, um ihre Pferde und Hunde zu füttern. Das Hundefutter *(dog tucker)* befindet sich auf einem etwa fünf Meter hohen Felsbrocken, *Dead Horse Rock* genannt, den man über eine brüchige Holzleiter erklimmen muß. Alljährlich muß ein altgedientes Packpferd dran glauben.

Aus der Luft hatte das baumlose Hochland so ausgesehen, als sei es von einer sanftweichen Decke überzogen. *Tussock*, hartes Büschelgras, das leicht anderthalb Meter Höhe erreicht und vor allem die regenarmen, steinigen Hochlagen bewächst. Ohne Pferde gibt es hier im Tussock der *Garvie Mountains* kein Fortkommen, selbst Allradjeeps haben keine Chance: Morast, Felsen, messerscharfes Speergras und knietiefe Löcher machen selbst das Gehen beschwerlich. Also in den Sattel! Daß Karl seinen ersten Tagesritt seit zwanzig Jahren glimpflich übersteht, hat zwei Gründe: Sein Pferd *Fuller* ist eine beleibte („any fuller and she'll burst") und zudem hochschwangere, zu keinen Sprüngen im steilen Gelände aufgelegte Stute. Und wegen aufkommendem Nebel kehren wir schon nach zwei Stunden von unserem Erkundungsritt zurück.

Jake, Ex-Fleischer und *Chief of Tucker* (Küchenchef), hat inzwischen die letzten Kilo Kartoffeln geschält, die Hütte gefegt und das Fleisch in den Ofen geschoben.

Vieles in Jakes Kochnische ist museumsreif: die riesige, alte Gebäckdose, in die die alte Miss Pinckney von der Glenaray-Farm alljährlich eine Ration cremigen weißen Honig füllt, ist mindestens ebenso alt wie der Stapel Toilettenpapier ‚*Imperial Toilet Papier*' aus den dreißiger Jahren, den sie den Männern immer wieder aufdrängt.

„Es muß schon fast fünf Uhr sein!" Scheinbar belanglos wird die Uhrzeit immer wieder in den Raum geworfen. Endlich steht Skip auf und holt die Flaschen. Pünktlich um 17 Uhr beginnt die ‚Rum-Time' – kein Besäufnis, eher ein Ritual. Mit einem Meßbecher verteilt Skip je drei Schnapsgläser 85prozentigen Rum auf elf Emaillebecher. Mit Himbeersoda aus einer extra mitgeführten Sodastreammaschine wird das Feuerwas-

*Packpferde vor Jack Mack's Hut*

ser zu einem trinkbaren Gemisch aufgefüllt und langsam bei Kartenspiel und Schwatz gesüffelt – mehr gibt es nicht.

Der Rum löst die Zungen, die Geschichten werden phantastischer. „Weißt du noch, letztes Jahr, als der Nebel so dicht war, daß jeder das falsche Pferd zäumte?" – „Und John, der seine Hunde Ned, Nip und Kink (und wie sie auch alle heißen) vergaß und ohne Schafe zurückkam?" Ray wirft uns einen prüfenden Blick zu: Was glauben wir wohl – was nicht? Und nächstes Jahr werden sie neue Geschichten zu erzählen haben. „Weißt du noch, der *Kraut* (Deutsche), der um ein Haar mit all seinen Kameras von unserer ‚Fuller' in den Bach fiel?" – und sie werden lachen wie jetzt.

Vor allem mir als Frau werden ständig kleine, provozierende Fallen gestellt: „Just pulling yer leg!" („Ich nehm' dich nur auf den Arm!"). Aber als Lehrerin, die zwei Jahre auf entlegenen australischen *Outback*-Stationen das Überleben in einer Männergesellschaft gelernt hat, weiß ich mich zu wehren. („Wenn du im Busch den Mund aufmachst, mußt du übertreiben – sonst bist du verloren.") „Wie schmeckt der Rum, Jackie?" – „Great, aber der Himbeergeschmack brennt mir Löcher in meine neue Socken." Das gefällt den Jungs.

Leise zischt die Kerosinlampe. Um 19 Uhr serviert Jake den *tea:* Als Entrée gibt's eine Blumenkohlsuppe, die aus den längst leeren Rumbechern geschlürft wird. Auf weißen Emailletellern mit blauem Rand dampft, umrahmt von Speckbohnen und Butterpellkartoffeln, die zarteste Hammelkeule, die wir jemals gegessen haben. Mit ein wenig Thymian und Oregano drei Stunden lang im ‚Orion' geschmort, einem antiquierten kohlebefeuerten, gußeisernen Herd. Als Tischdecke diente gestern eine vergilbte Zeitung von 1981, heute ist sie brandaktuell. Der Hubschrauber nämlich hat neben den Vorräten auch die Tageszeitung mit in die Wildnis geflogen. Ausnahmsweise hat sich die Weltpolitik in die Wildnis verirrt.

Unsere zweite Nacht ist sternenklar, frostig, ungemütlich. Schon um 4.30 Uhr hören wir Jake in der Hütte wirtschaften. Eine Stunde später beginnt das Frühstück. Terry treibt die Pferde zusammen. Ein paar Wagemutige baden im Wasser des Creeks, wir putzen uns nur die Zähne. Zum Frühstück: Eier auf Steaks mit ein paar Tomaten, eine Scheibe vom gewaltigen Cheddar-Käseblock und Toast. Der Kaffee ist himmlisch.

Bisher hatten wir kaum ein Schaf gesehen. Drei Hektar Weideland ernähren zwei Halfbred-Schafe und die über 20 000 Hektar brauner Tussocklandschaft verstreuten Wolltiere müssen erst einmal gefunden werden. Im Nebel braucht man damit überhaupt nicht anzufangen. Aus versteckten Niederungen, über Bergkämme und Grate hatten die Hirten sie im Laufe einer Woche in weiten Schleifen zusammengetrieben. Und nun „The Big Day!" – „We'll give it a go!" schreit Skip zum Aufbruch. Die tagelange erzwungene Untätigkeit entlädt sich, die Männer blödeln und balgen wie Kinder, die Hunde jaulen und toben. Am frühen Morgen ist Skip bereits mit dem Hubschrauber über das Gelände geflogen, nun verteilt er mit knappen Worten die *beats* (Gebiete), gibt Ratschläge und Zeiten, die einzuhalten sind.

Höhepunkt des zweiwöchigen Abtriebs ist die Durchquerung des *Gorge Creek*, eines kaum zehn Meter breiten, aber tief in das Hochland eingeschnittenen Flüßchens. An diesem Tag werden alle 14 000 Tiere in einer Herde, einem *mob*, vereinigt sein. Zuerst hören wir nur das Kläffen der Hunde, dann dauert es noch gut eine Stunde, bis wir die ersten Hammel sehen. Erst einzeln, dann in kleinen Gruppen, dann in langen Schnüren. Schließlich tauchen die Wolltiere wie ein Heer über dem Bergkamm auf.

Skip hat sich mit seinen Hunden an einer kritischen Stelle postiert. Sharky hat mit seinen Hunden die Aufgabe, die rechte Flanke zu decken. Eigentlich ein ruhiger Job, denn die meisten Schafe folgen dem Strom. Eine Gruppe von zwanzig Hammeln versucht sich allerdings talaufwärts davonzumachen. Sie werden von zwei Woollies mit superlangem Fell angeführt – erfolgreiche Ausreißer vom letzten Jahr. „Die wissen, was Freiheit bedeutet", lacht Sharky, „aber auch, wie kalt es hier oben ist." Dann röhrt er ein „Get in behiiind! Täääd!" in die Landschaft. Erst ein langgezogener Pfiff zeigt Wirkung. Ted umkreist mit langen Sätzen die Ausreißer und treibt sie zum *mob* zurück.

Bevor die Hammel das Flüßchen schwimmend durchqueren, werden die Tiere – um Panik zu vermeiden – in kleinen Mobs durch die schmale Öffnung eines provisorischen Zaunes gelassen. In einem nicht enden wollenden Strom fluten sie hinunter in den Gorge Creek, um auf der anderen Seite wie Maden an einer Wand hochzukrabbeln und schließlich am Horizont zu verschwinden.

Am Abend erreichen wir *Bush Hut*. Morgen werden drei der Leute noch einmal zurückreiten, um ein paar Ausreißer einzufangen, die Skip aus dem Hubschrauber geortet hat. Das war's wieder. Bis zum nächsten Jahr. Die höllisch flatternden Rotoren von Grahams Chopper blasen die Pferdedecken von den Zäunen und treiben selbst die Standfestesten in die Hütte. Wir werfen unseren Rucksack auf die Ladefläche, Ted und Kink springen hinterher, wir heben ab. Acht Minuten später landen wir hinter dem modernen Schererschuppen der Farm. Von hier sind es noch ein paar Meilen zu den wenigen Häusern von *Waikaia* oder *Gore*, dem nächsten Städtchen am Ende des anderen Endes der Welt.

Auf dem Weg nach Gore stoßen wir durch Zufall auf eine Branche der Luftfahrt, die ich schon lange für tot gehalten hatte. Zwei Doppeldecker vom Typ *Tiger Moths*, die auf einer Wiese ausrollen, veranlassen uns zu einem kurzen Halt. Die Männer am Zaun klären uns auf: Testflüge neuer ‚Motten'. Diese schier unverwüstlichen Flugmaschinen aus Holz und Alublech, in denen der Pilot (wie ein Motorradfahrer) im Freien sitzt, dienten während des Zweiten Weltkrieges als offizielle Trainingsmaschine der Royal Airforce und wurden noch zu Tausenden produziert.

Heute werden sie nur noch hier in Mandeville gebaut. Neuseeländer haben ein besonderes Verhältnis zum Fliegen. Einmotorige Propellermaschinen gehören selbstverständlich zum Fahrzeugpark abgelegener Farmen. Und die Kiwis sind auch überzeugt, daß ihr Landsmann Richard Pearse 1902 die erste Flugmaschine in die Luft brachte, nicht die Wright Brothers.

Im Inneren gleicht der Hangar eher einem Museum denn einer Fabrik. *Gipsy Moth, Fox Moth, Dragon* und *Puss Moth*. Die Doppeldecker sind so fantasievoll wie ihre Namen. Zwischen historischen Doppeldeckern wird geschweißt, geschliffen und geschraubt. Für den Bau einer neuen ‚Motte' verwendet Colin Smith auch Glasfiber und anderes High-Tech-Material. Alte Maschinen werden jedoch streng nach Originalplänen restauriert, mit messinggefaßtem Morsefunkgerät und Holzpropeller.

Wir haben gemeinsame Freunde. Vor ein paar Tagen hatte Angus Watson aus Queenstown angerufen, um mit Colin über den Bau eines alten Doppeldeckers zu sprechen. Das wäre nicht der Rede wert, wäre *Gus* nicht Rollstuhlfahrer. Karl hatte Gus 1983 kennengelernt, als er die Häuser von Ian Athfield fotografierte.

Gus wohnt in einem der schönsten Häuser, das ich kenne. Kein Luxus. Eine mit groben Birkenstämmen und viel Holz wohnlich gemachte Scheune, die er nach einem folgenreichen Skiunfall behindertengerecht von dem Architekten erweitern ließ. Gus lebt seit Jahren trotz einer schweren Behinderung in einem ruhigen Seitental – alleine, auf sich gestellt.

Gus ist ein Kämpfer, ja ein Draufgänger geblieben und ich habe beinahe aufgehört, ihn als Körperbehinderten zu sehen. Seit ein paar Jahren malt er, der nur mühsam seine Hände benutzen kann, wie besessen und verkauft erfolgreich Aquarelle im nahen Queenstown. Allerdings nicht mit dem Siegel ‚Behindertenmaler'. Mitleid haßte er schon immer.

Werkstatt für Doppeldecker, Mandeville

*Queenstown*, Neuseelands beste Touristenfalle, ist von Zweitausendern eingerahmt und malerisch am *Lake Wakatipu* gelegen. Jet-Boat-Nervenkitzel, Bungy-Jumping, Zeltverleih, Wildwasserfahren, Mountainbiking, Dampferfahrten oder Heli-Skiing, Pizzas, Tacos oder Sushi. Dieses ehemalige Goldgräbernest hat alles zu bieten, was eine Touristenseele so liebt. Perfekt, um sich mit Proviant, wasserdichten Hosen und Kartenmaterial auszurüsten – und schnell wieder zu verschwinden: *for the great outdoors*. Die Auswahl an Trampingtouren ist hier im Südwesten der Südinsel besonders groß. *Milford, Hollyford, Rees-Dart*, der neue *Kepler Track, Greenstone-Caples* und *Routeburn Track*, eine alpine Traverse zwischen den beiden größten Nationalparks der Südinsel, *Mount Aspiring* und *Fjordland National Park*.

Unsere Rucksäcke sind seit zwei Tagen gepackt, aber der Wetterbericht ist denkbar schlecht. Ein Tiefausläufer schaufelt feuchte Westwinde gegen die *Southern Alps*, sie werden zum Aufsteigen gezwungen und entladen sich hemmungslos über den Fjordlands. Das ist fast normal. Bis zu 8000 mm Regen fallen jährlich am *Milford Sound*, in Glenorchy sind es immerhin noch über 1100 mm im Jahr.

Zu Weihnachten '93 hatten die katastrophalen Überschwemmungen auf der Südinsel selbst in Europa Schlagzeilen gemacht. Im Januar fielen in Glenorchy innerhalb von 24 Stunden 153,7 mm Regen. Eine Sintflut, die in einer der regenreichsten Gegenden breite Schneisen in die Südbuchenwälder riß. In den *Routeburn Flats* wurden 12 Hängebrücken weggerissen. Doch schon Ende März hatte die Armee den Weg wieder instandgesetzt, die umgestürzten Bäume geräumt und die Brücken erneuert. Trekking ist für die Kiwis ein einträgliches Business.

# Routeburn

„Die Glenorchy Road ist wegen starker Regenfälle bis zum Mittag gesperrt." Solch ein morgendlicher Wetterbericht lockt uns früh um fünf nicht aus dem Bett. Dann am dritten Tag die Entwarnung. Um 6 Uhr sitzen wir im *Backpackers Express* – einem betagten, klapprigen Bus, der jeden Tag ein paar Dutzend *trampers* zum 75 km entfernten Glenorchy bringt, dem Ausgangspunkt mehrerer Fernwanderwege.

Als wir gegen Mittag vom *Routeburn Shelter* aufbrechen, regnet es mal wieder. Aber wer will da schon klagen? Kann Regenwald ohne Regen schön sein? Ohne Regen keine Moose, Flechten und Wasserfälle. Also hinein in die verwunschen schönen, immergrünen Südbuchenwälder. Wir stapfen durch tropfenden, moosüberwachsenen Märchenwald, überqueren den *Sugar Loaf Stream* auf einer schmalen, schwankenden Hängebrücke, unsere Gesichter werden von naßkühlen Farnblättern gestreift. Davon hatte ich während der letzten Jahre nur geträumt.

Nach zwei Stunden haben wir die breite, grasbewachsene Ebene des kristallklaren Flüßchens *Route Burn* (*burn* ist das schottische Wort für Bach) erreicht. Der Kaminrauch der ersten Schutzhütte (*Routeburn Flats*) kommt in Sicht. Noch einmal vier Stunden, dann haben wir die Routeburn-Wasserfälle und die zweite Schutzhütte *Routeburn Falls* erreicht. Die Hütten dieses *Great Walks* sind ausgesprochen komfortabel ausgestattet und verfügen zwischen Oktober und Mitte Mai über Gas, Wasser, Toiletten und Matratzenlager.

Am nächsten Morgen beginnen wir mit dem beschwerlichen Aufstieg zum Paß. Vereinzelte Holzstege erleichtern das Durchqueren sumpfiger Stellen der Tussockgrasebene, dann windet sich der Pfad steil nach oben. *Lake Harris* überrascht. Plötzlich, beim Verschnaufen, entdeckt man ihn unter sich, diesen tiefschwarz schimmernden Bergsee, eingerahmt von grüngolden leuchtenden Bergriesen und naßschwarzen Felswänden.

Harris Saddle liegt 1277 Meter über dem Meeresspiegel und ist der höchste Punkt der Wanderung, es sei denn, man macht noch einen kurzen Abstecher zum *Conical Hill*, des vielgerühmten Panoramablicks wegen. Das macht – eingehüllt in dichte Wolken – allerdings wenig Sinn. Im Winter (Mai bis Oktober) ist der Bergsattel wegen Schnee und Lawinengefahr in der Regel unpassierbar. Auch im Sommer ist Vorsicht geboten. Oberhalb der Baumgrenze können plötzliche Wetterumschwünge bei falscher Kleidung lebensbedrohend sein. Und auf den Wetterbericht ist kein Verlaß. „Fjordland-Wetter", hatte ein durchnäßter Tramper ins Hüttenbuch geschrieben, „kommt immer einen Tag vor dem Wetterbericht".

Seit unserem Aufbruch vom *Routeburn Shelter* haben wir drei verschiedene Klima- und Vegetationszonen durchlaufen und befinden uns an der Wetterscheide hinüber zu einem der regenreichsten Gebiete der Erde, den Fjordlands. Wir packen unsere Regencapes aus. Es regnet. Knapp oberhalb der Baumgrenze folgt der schmale Pfad dem Steilhang des *Hollyford*-Tals. Ein Wegweiser markiert eine Abkürzung hinunter ins Hollyford. Schon der Name *Dead Man's Track* und die Einstufung „steil und direkt" auf der DoSLI-Karte schrecken ab. Wir bleiben auf dem Höhenweg.

Nach drei Stunden reißen die Wolken plötzlich wieder auf und geben den Blick über den *Mackenzie Lake* frei. Grün leuchtend liegt er inmitten dichter Steineiben- und Ratawälder. Und noch ganz klein, unser Tagesziel, die *Mackenzie Hut*. Bald windet sich der Pfad wieder durch den Märchenwald. Wir klettern über Wurzeln, Felsbrocken und gefallene Baumriesen, deren Konturen unter dem dicken Moosteppich nur zu ahnen sind. Eine Reise in die Traumwelt, Elfenland.

*Mackenzie-Hut.* Schon beim Betreten der Hütte riecht es erwartungsgemäß nach nassen Socken, Wolle und Spaghetti mit Tomatensauce. In 1036 Meter Höhe gelegen, bieten auf mehrere Häuser verteilte Matratzenlager 53 Wanderern Platz. Herz dieser vergleichsweise luxuriösen DOC-Hütte ist der Gemeinschaftsraum, in dessen Mitte ein winziger Holzofen kaum die Hitze ausstrahlt, um 25 Paar durchnäßte Bergstiefel und Socken zu trocknen.

Der nächste Morgen überrascht mit einer atemberaubend klaren Sicht auf die Gipfel, die uns gestern verborgen geblieben waren: *Emily Peak* und die schneebedeckte Bergkette der *Darran Mountains* auf der anderen Seite des *Hollyford*. Doch bevor die Sonne um zehn Uhr ihren Weg ins Tal gefunden hat, packen wir die Regenmäntel wieder aus. Merke: Regenwald!

Vom Lake Mackenzie bis zur *Divide* sind es zehn Kilometer oder drei Stunden Fußmarsch. Viele Tramper wählen die *Divide* als Start- bzw. Endpunkt des *Routeburn*. Hat man ausreichend Zeit, keine Blasen und genügend Vorräte, dann lohnt es, auf dem *Caples Track* den Kreis zurück nach *Glenorchy* zu schließen. Es war der Goldsucher Patrick Caples, der 1863 als erster Europäer auf dieser Route vom *Lake Wakatipu* zur Westküste vorstieß, um von dort eine Handelsverbindung mit der Ostküste Australiens aufzubauen. Zuvor waren bereits die Maori in diese Täler vorgedrungen, auf der Suche nach dem Kultstein ihrer Kultur: Jade, Greenstone oder *pounamu*, wie sie ihn nannten.

Etwa eine Stunde hinter der *Howden-Hütte* zweigt unser Weg vom *Greenstone Track* ab. Der *Caples* gilt als schweißtreibend, aber es erstaunt mich doch, daß wir die einzigen sind, die gegen Mittag zur sechs Stunden entfernten *Upper Caples Hut* aufbrechen. „Versucht euer Glück – es ist steil!", rufen uns noch ein paar Kiwis nach, die es offensichtlich schon besser wissen.

300 Höhenmeter, das verrät uns die Karte, liegen zwischen Flußebene und Sattel. Wir klettern wieder über Wurzeln und entwurzelte, moosüberwucherte Baumriesen. Von einem Pfad fehlt oft jede Spur, und trotzdem ist der Weg nicht zu verfehlen: bierdeckelgroße rot-weiße Blechstreifen, alle 20–30 Meter an einen Baum genagelt, lassen uns nicht umherirren. Aber, weiß Gott, der Track ist steil. Zwei Stunden. Völlig verschwitzt erreichen wir den *McKellar-Sattel*. Die Wasserscheide. Ein wunderbares Hochmoor, in dem weißer Bergenzian blüht. Hier entspringt der *Caples River*. Von nun geht's nur noch bergab. Südbuchen, Wasserfälle, Moose. Wir begleiten den *Caples,* wie er langsam anschwillt zum reißenden Fluß. Geröllawinen und das gelegentliche Mikado umgestürzter Bäume erinnern an jene 154,5 Millimeter in 24 Stunden.

Kurz vor Dunkelheit erreichen wir die Hütte. Nur die Hälfte der 14 Schlafplätze sind belegt. Dafür gibt's jede Menge *sandflies*. Die Ausstattung der beiden Hütten auf dieser Route ist spartanisch, und beim Kochen

*Hängebrücke über den Sugar Loaf Stream*

ist man auf den eigenen Gaskocher angewiesen. Das entspricht Kategorie III.

Unser letzter Tag. Hinter der *Mid-Caples Hut* verbreitet sich das Tal und wird als Weideland genutzt. Fast ein Spaziergang, Kaiserwetter, wie wir es uns im Nieselregen immer gewünscht hatten. Pünktlich um 13 Uhr kommt auch der Bus zum Parkplatz, der uns zum Bootsanleger bringt. Das Speedboot wartet schon, angetrieben von zwei PS-starken Außenbordern, schießt es hinüber nach *Glenorchy*. Und im Café scheint auch die Bedienung schon auf uns zu warten. Heiße Quiche, deutsches Sauerteigbrot, Cappucino. Was wollen wir mehr nach vier Tagen Regen, Märchenwald und Schweiß? – „Super cool!", würde Karls kleiner Neffe Ole sagen.

# Fjordland

In keinem anderen Land liegen die landschaftlichen Gegensätze so dicht nebeneinander wie bei unseren ‚Gegenfüßlern': Regenwälder, Gletscher und Geysire, kilometerlange, goldgelbe oder schwarze Sandstrände, Vulkane und fruchtbare Agrarlandschaften. Ein Land auch der Superlative, nur noch übertroffen von den Schilderungen der Reiseführer: ... die älteste, ... die tiefste, ... die schönste, ... die heißeste, ... die am meisten isolierte, ... der Welt einzige, die naßeste ...

Die *Fjordlands* bilden da keine Ausnahme. Neuseelands größter (1,2 Millionen Hektar) Nationalpark zählt noch zu den wirklichen *Wilderness*-Gebieten auf diesem Globus. Nichts für Sonnenanbeter! Die Region zählt zu den naßesten auf Erden. Bis zu unvorstellbaren 8 (ja acht!) Metern Regen fallen hier im Jahr. Vielleicht war es das, was uns reizte. Ausgerechnet am *Milford Sound* erwischen wir wieder Sonnenschein. Das ist Pech. „Die Touristen kommen hierher und hoffen auf blauen Himmel und eine ruhige Bootstour", bestätigte unser Bootsführer meine Enttäuschung, „aber das ist das Schlimmste, was ihnen passieren kann." Sturm und Regen verwandeln die schieren, fast 2000 Meter hohen Felswände, an denen die Bäume wie angeklebt wirken, in ein grandioses Inferno von Wasserfällen. „When it rains, she's a beauty."

Der Milford Sound, „das achte Weltwunder" (Kipling), gilt nach wie vor als Hit

der *Fjordlands*. Weniger bekannt, aber viel schöner, wilder, mystischer ist der *Doubtful Sound*. Er ist einer der vierzehn zerklüfteten, von Gletschern eingeschliffenen Fjorde, die im Südwesten der Südinsel wie Finger tief in die von bemoosten Südbuchenwäldern überwucherte Alpenwelt eindringen.

Es wird eine Tagesreise in Etappen. Der Morgennebel hängt bedrohlich über dem See. Die Bäume am Ufer wirken fast schwarz, das Wasser mit seiner silbrig glänzenden Haut erscheint sogar noch schwärzer. 200 Tage im Jahr – so die Statistik – sind Regentage. Und dies ist zweifellos einer davon. Knapp zwanzig Leute haben sich trotz (oder wegen?) des Regens am Bootsanleger eingefunden. Im Shop verkaufen Studentinnen Sandwiches und infrarot erhitzte Würstchen an all diejenigen, die erst jetzt erfahren, daß auf dem Boot keine Mahlzeiten angeboten werden. Denn auf dem Katamaran, der uns in einer Stunde über den *Lake Manapouri* bringen wird, gibt es nur Kaffee, Tee und Informationen: „Wir befinden uns 780 Meter über dem Meeresspiegel ... mit 433 Meter Tiefe der zweittiefste ..." Der ‚See mit den hundert Inseln', wie die Maori ihn nennen, löste eine der heftigsten Umweltkontroversen des Landes aus. Der Plan, den Wasserspiegel zwecks Stromerzeugung um 24 Meter anzuheben, konnte mit einer Petition von einer viertel Million Unterschriften gerade noch verhindert werden. Heute pendelt der Wasserspiegel zwischen einem Meter und acht Metern über Normal.

Nach einer Stunde übernimmt uns am Visitor Center ein Bus und bringt uns auf einer Schotterpiste (die ehemalige Baustraße für das Staudammprojekt) über den *Wilmot Pass* hinüber zum Sound. Der Zwei-Minuten-Fotostop, den der Busfahrer auf dem *Wilmot Pass* erlaubt, schreit nach Widerspruch – so spektakulär ist die Aussicht in den tief ins Land eingeschnittenen Sound. Er erhielt seinen Namen (‚zweifelhafte Bucht') von Captain Cook, der befürchtete, nicht mehr heraussegeln zu können.

Es regnet – jedoch, das macht nichts. Im Gegenteil! Ohne Regen kein Regenwald. Erst tropfend naß entfaltet er seinen Charme, seine Magie. Wabernde Nebel verwischen die Grenzen zwischen Land, Wasser und Himmel. Wie Drosselbarts Bärte hängen die meterlangen Flechten von moosüberwucherten, tropfenden Südbuchen, der Sprühregen der Wasserfälle benetzt unsere Haut wie ein Parfum.

Drei Stunden dauert die Bootstour durch den engen Sound bis zur offenen See. Wir warten vergebens auf die Delphine, die häufig das Boot begleiten. Dafür lenkt der Kapitän das Doppeldeckboot auch mal in kleine, seitliche Meeresarme und stellt den Motor ab, um die Stille zu demonstrieren: ‚Sounds of Silence'. Wir sind beeindruckt. Auch ohne Delphine.

Nicht der Mensch, sondern Opossums und Rotwild sind heute die ärgsten Feinde dieser Wildnis. Mit den europäischen Siedlern erreichten nicht nur Haus- und Nutztiere wie Schafe, Rinder und Pferde das isolierte Eiland. Auch auf die gewohnte Tierwelt wie Igel, Kaninchen und Opossums wollten die Siedler nicht verzichten. Die Zahl der Opossums wird heute auf 70 Millionen geschätzt und Regierung wie Naturschützer sprechen vom Beginn einer verheerenden Katastrophe.

Das 1851 als Jagdwild ausgesetzte Rotwild verbreitete sich explosionsartig und wurde 1956 per Gesetz als Schädling eingestuft. Um die ursprüngliche Vegetation zu retten, sollte mit Abschußprämien der Bestand reduziert, in den Nationalparks sogar ausgerottet werden. Attraktiv wurde die Jagd erst mit der steigenden Exportnachfrage nach Wildbret (Deutschland ist der größte Abnehmer) und dem Beginn der Farmhaltung von Rotwild. Was früher Jäger mit Büchse und Fallen zu Fuß begannen, erledigen heute die *Chopper Boys* mit dem Hubschrauber.

1986 hatten wir uns mit Dick und Jeff, zwei Chopper Boys der ersten Stunde, an einer sehr vage beschriebenen Hütte irgendwo zwischen *Te Anau* und *Manapouri* verabredet. Dick Deaker, 42 Jahre, betrieb damals mit seinem Partner ‚Hannibal' Hayes eine Helikopterfirma in *Te Anau*. Im Winter setzten sie Heli-Skier auf den höchsten Schneefeldern der *Southern Alps* ab, ansonsten jagten sie Rotwild.

Nach zwei Stunden Fahrt über holprige Straßen haben wir die kleine Anglerhütte gefunden, die den Jägern als Stützpunkt für ihre Ausflüge in die südlichen Fjordlands dient. Wahllos herumstehende leere Treibstoffässer bestätigen, daß wir den am Telefon verabredeten Treffpunkt gefunden hatten.

Erst nach Einbruch der Dunkelheit hören wir sie kommen. Nachts wirkt das flatternde Geräusch eines sich nähernden Helikopters noch bedrohlicher. Ein Bordscheinwerfer tastet das Gelände ab, langsam senkt sich der Chopper mit seiner Last, einigen in blauen Plastikplanen hängenden Rehen, zu Boden. Im Licht eines Autoscheinwerfers tankt der Pilot Treibstoff nach. Jeff, sein Kumpel und der Schütze, mit rotem Helm, blutverschmiertem, gelben Overall und einem Messer im Ledergürtel, wickelt die Rehe aus den Netzen. Dann fesselt er sie mit Lederriemen und schleppt sie zu einem in der Nähe abgestellten Viehanhänger.

Das Essen ist vorbereitet. Auf einem Holzherd simmert seit Stunden zu Ehren der Gäste ein besonders saftiger Rinderbraten (Wildbret essen Dick und Jeff nur selten.) Kartoffeln und Kohl sind schnell zubereitet, werden am Tisch mit zerlassener Butter und einem guten Schuß Worcestershire-Soße verfeinert. Ein Gespräch kommt allerdings nicht in Gang, kaum haben wir gegessen, sinken Dick und Jeff todmüde in die Betten.

Morgens um fünf reißt uns das blecherne Rasseln eines Weckers aus dem Schlaf. Hastige Schritte auf knarrenden Dielen und knirschendem Kies vor der Hütte sig-

*die Jagd mit dem Helikopter ist gefährlich*

nalisieren uns die notwendige Eile. Kaum aus dem Schlafsack, höre ich schon das Pfeifen des startenden Motors, das binnen Sekunden in ein ohrenbetäubendes Inferno übergeht. Wollmütze, Handschuhe, Kameras, Filme? Ich eile nach draußen. Jeff drückt mir einen Ohrschutz in die Hand, ich laufe geduckt hinüber zum Chopper, krieche nach hinten in den Laderaum – wir heben ab.

Mein allererster Flug mit einem Hubschrauber überrascht mich ‚im Schlaf‘ und eigentlich ist mir in der dichten Nebelsuppe gar nicht nach Fliegen zumute. Um besser sehen zu können, hängt sich Dick mit seiner blauen Daunenjacke und den grünen Ohrmuscheln halb aus dem Hubschrauber – die beiden Jäger sitzen vorne ohnehin quasi im Freien. Etwa zehn Minuten tasten wir uns über Baumwipfel flußaufwärts, dann hat Dick eine Lücke in der Nebelbank entdeckt. Full Power schrauben wir uns hoch über das Nebelmeer in einen kristallklaren, frostigen Morgenhimmel, dessen Stahlblau sich im Osten schon leicht rosa färbt. Scheinbar mühelos steigen wir an Steilhängen empor und fast spielerisch gleiten wir über einen Felssattel hinunter ins nächste Tal.

In der Ferne heben sich hellschimmernd einige Fjorde, vermutlich der *Dusky Sound*, und die nahe *Tasman Sea* von dem Dunkel der Landmasse ab. Wir schweben über Bergseen und tiefe Felsabgründe. Flechtenüberwucherte Südbuchenwälder wechseln sich mit Hochmooren und braunen Tussockflächen ab.

Eine Stunde schaukeln wir über Neuseelands wildeste und entlegenste Landschaft, ohne daß etwas Besonderes passiert. Dick und Jeff sprechen kein Wort, starren nur nach unten. Dann, plötzlich und ohne Vorwarnung, zieht Dick die Maschine in eine enge Kurve. Mein Magen rebelliert, Jeff greift automatisch nach seiner *netting-gun*. Unter uns drei fliehende Rehe, die der Lärm unseres Raubvogels aus dem Unterholz getrieben hat. Im Zickzack folgt der extrem wendige *Hughes 500* seiner Beute – kaum zehn Meter über ihnen. Jeff drückt ab, und wie eine Geisterhand breitet sich ein etwa 4 x 4 Meter großes Netz über das Reh und bringt es zu Fall. Der leere Köcher fliegt unvermutet zu mir nach hinten und trifft mich an der Schulter, schon ist ein neuer aufgesetzt.

Mit dem Einsatz von Hubschraubern mußten sich die Jäger neue Fangmethoden

einfallen lassen. Nach erfolglosen Versuchen mit Betäubungsgeschossen setzte sich die an der Westküste entwickelte Fangmethode mit Netzen durch. Die Netze werden in trapezförmige Köcher gefaltet. Vier Gewichte, die durch den Detonationsdruck eines Spezialgewehrs aus ihren Hülsen ‚geschossen‘ werden, ziehen das Netz über das fliehende Reh. Bei einem Abstand von mehr als 10 Metern ist die Trefferquote allerdings recht gering, und das macht diese Jagd für die wie Raubvögel operierenden Jäger so gefährlich. Sie müssen bei der Verfolgung und Bergung des Wildes häufig in winzige Lichtungen eintauchen und an Steilhängen operieren.

Die nächste Geisterhand verfehlt ihr Ziel nur knapp, das Reh versucht, das Netz hinter sich ziehend, zu entkommen. Dick senkt den Chopper so nah wie möglich an den Steilhang heran. Aus drei Meter Höhe springt Jeff in das hohe Tussockgras, erwischt Netz und Beute, die er blitzschnell mit einem Lederriemen knebelt, um sich sofort an den Kufen des Choppers zu uns hinaufzuziehen.

Das dritte Tier, ein Sechsender, bleibt nach zwei Schüssen aus einer Mauserbüchse regungslos im Tussockgras liegen. Nur weibliche Tiere werden gefangen. Minuten später landen wir in einer kleinen Lichtung, um die Tiere einzusammeln. Während Jeff die Rehe heranschleppt, Dick den Rehbock ausweidet, versuche ich, nun festen Grund unter den Füßen, meine „Seekrankheit" zu vergessen. Doch bevor ich mich von meinem Schwindelgefühl erholen kann, kauern wir schon wieder im hinteren Laderaum – diesmal müssen wir den Platz mit einem Reh teilen.

Wenn die Rehe den Schock dieser Jagd überleben, sind sie als Zuchttiere für Neuseelands *Deer Farming* Industrie begehrt. Hirschfleisch gilt wegen seines geringen Fettgehalts nicht nur als das bekömmlichste ‚rote‘ Fleisch, es ist zudem ohne Becquerelbelastung und frei von chemischen Schadstoffen. Anfang der 80er Jahre erzielten die Jäger noch Spitzenpreise von 4000 NZ$ pro Hirschkuh, heute sind die Preise im Keller und die teure Jagd per Helikopter wirft kaum noch Gewinn ab. Da lohnt es sich schon eher, Touristen über die Wildnis der Fjordlands oder über die Südalpen zu fliegen.

Von *Te Anau* ist ein solcher Ausflug per Cessna oder Helikopter über die Urwälder der Fjordlands zu empfehlen. Ein sicher kostspieliges Abenteuer. Ein Flug über die von zahllosen Mooren und Seen überzogene Wildnis dieser zum *World Heritage Park* geadelten Fjordlands ist lohnender als ein Flug über die Gletscher des *Mount Cook* Massivs. Obwohl wir natürlich nicht von einem luftigen Ausflug über Neuseelands höchstes Bergmassiv abraten wollen. Im Gegenteil. Unseren insektenhaften Flug mit einer einmotorigen *Piper Cherokee* zwischen den weißgepuderten Bergriesen des Nationalparks werde ich nie vergessen.

Unvergeßlich auch unser beschwerlicher Aufstieg am nächsten Tag zur *Mueller Hut*. „Clear as a barrel", kommentiert der Park Ranger die Wetterlage, als wir am frühen Morgen vom *Hooker Valley* zur 1000 Meter höher gelegenen Mueller-Hütte aufbrechen. Es ist ein sehr steiler Anstieg durch den Busch und später über Geröllfelder zu einer kleinen, mit Stahlseilen am Boden festgezurrten Wellblechhütte. Für uns ist es nur ein kurzer Trip, die anderen Hüttengäste (meist Australier) sind für eine einwöchige Bergtour ausgerüstet. Anmerkung in meinem Tagebuch: „Wir hatten uns mit Heftpflaster und Schokolade versorgt, die anderen mit Seil, Eispickel, Steigeisen, langen Unterhosen und Vitamintabletten..."

Untermalt vom fernen Donnern abbrechender Eislawinen und vor dem Panorma eines sich ins Orange färbenden *Aorangi* schmeckt unser Tea (warmer Reis, Ölsardinen und Tomaten) fast köstlich. Am nächsten Tag dichter Nebel – so dick wie unser Frühstücksporridge.

Obwohl Neuseelands höchster Berg durch den spektakulären Gesteinsabbruch vom Dezember 1991 um zehn Meter an Höhe verlor, ist er mit 3753,5 Metern immer noch der höchste in Neuseeland. Um *Aorangi*, wie ihn die Maori nennen, ranken sich mehrere Legenden. Die eine berichtet von der Mannschaft des Kanus *Arai-te-Uru*, die, von *Hawaiki* kommend, nach einem Schiffsbruch von der Küste ins Landesinnere zog. *Aorangi*, ein kleiner Junge, der auf den Schultern seines Großvaters saß, sah den Bergriesen zuerst, und so wurde er nach dem kleinsten der neuen Einwanderer benannt. Die andere Legende entstammt der Mythologie der Maori. Vier Brüder, Nachkommen des Himmelsvaters *Rangi* und der Erdmutter *Papa*, waren mit ihren legendären Kanus zur Erde gekommen. Ihr Boot verwandelte sich in die Südinsel, die vier Ruderer in Berge.

Nach vielen Umwegen haben wir endlich die Westküste erreicht. Ob in Irland, Schottland, Alaska oder Patagonien, es sind die Westküsten, nie die Ostküsten, die uns in den Bann ziehen. Von der *Haast*-Kreuzung im Süden bis zum 435 km nördlich gelegenen *Westport* begleitet eine zuweilen kurvenreiche, aber gut ausgebaute Straße die Westküste durch Rimu-Wälder, üppig grüne Weiden und wildes Flachsgras.

# West Coast

Während des Goldrauschs vor 130 Jahren lebten fast 40 000 Menschen (meist Männer) an der Westküste. Heute sind es immerhin noch 30 000 *Coaster*, die das Leben mit den Elementen ertragen oder vielleicht besser gesagt: suchen. Am ‚anderen Ende' Neuseelands sind die Freiheiten noch am größten.

Von Graham, dem Hubschrauberpiloten aus Glenaray, hatten wir seinerzeit die Adresse der Shaw-Brothers erhalten. Adresse ist zuviel gesagt. Einfach nur *Gillespies Beach*, West Coast. Sie ist nur dünn besiedelt und häufig kennen sich die *Coaster* noch persönlich. Einige leben von der Jagd, ein paar Monate im Jahr vielleicht vom *Whitebait*-Fischen, andere noch von dem Rausch, der die Westküste in den 60er Jahren des letzten Jahrhunderts berühmt gemacht hatte: Gold. John und Mark sind Goldgräber, im Ruhestand zwar, aber wenn besonders heftige Orkane aus Nordwesten den Strand regelrecht ‚umpflügen', dann können auch sie das ‚Sieben' nicht lassen.

*Gillespies Beach* liegt knapp 20 Kilometer vom Franz-Josef-Gletscher entfernt an einem wilden, von gewaltigem Treibholz übersäten Küstenstreifen. Hinter den bewachsenen Dünen ducken sich zwei flache weißgetünchte Steinhäuser mit gepflegtem Rasen, eingerahmt von einer weißen, von grünen Glaskugeln gekrönten Mauer. Ein Gemüsegarten, einige Schuppen, ein Hühner- und Entenhaus. Gekocht wird auf einem Holzherd, ein in einem Schuppen versteckter Generator sorgt für den Saft der Glühbirnen. Als wir die Brüder 1986 besuchten, war ihr Schmuckstück und ganzer Stolz ein *Ford-Mainline*, Baujahr 1956. Sein Motor hatte in 30 Jahren noch keinen Schraubenschlüssel zu Gesicht bekommen. „She's a beauty!" schwärmte John und zeigte mit abfälliger Handbewegung hinüber zu dem neuen Ford-Pritschenwagen, den sie zum Einkaufen im nahen Franz-Josef benutzen.

Den Franz-Josef-Gletscher, vom österreichischen Geologen Julius von Haast nach dem heimatlichen Monarchen benannt, empfanden wir mit seinen Zacken, Spalten und Eisnadeln tatsächlich als recht majestätisch. Mit 13,6 km Länge ist er zwar länger als der benachbarte 12 km lange Fox-Gletscher, aber bei weitem nicht der größte des Landes. Die beiden Gletscher zeichnen sich vielmehr dadurch aus, daß sie sich aus etwa 2600 Meter Höhe hinunter bis auf etwa 250 Meter über dem Meeresspiegel in die unmittelbare Nachbarschaft von Regenwäldern und Sandstränden drängen.

Gletscher entstehen unter dem hohen Druck, den neue Schneeschichten auf die tieferliegenden ausüben. An der Westküste sorgen die von den *Southern Alps* zum Aufsteigen gezwungenen Westwinde für reichlich Niederschläge und Schnee, der sich rasch in Firn verwandelt und schon in 20 Meter Tiefe ein festes, bläulich schimmerndes Eis bildet. Diese bis zu 300 Meter starke, plastische Eismasse schiebt sich langsam, aber unaufhaltsam talwärts. In den 60er und 70er Jahren befanden sich beide Gletscher auf dem Rückzug, seit 1986 schreiten sie wieder mächtig voran, in den letzten Jahren mit Rekordgeschwindigkeiten von zwei Metern pro Tag.

Auf dem Weg von Franz-Josef zum *Gillespies Beach* weist ein Schild die Richtung zum *Lake Matheson*, berühmt für seine perfekte Spiegelung. Der kleine See entstand vor 14 000 Jahren, als sich der Fox-Gletscher zurückzog und nur Moränen und Geröll zurückließ. Das Touristenbüro hätte es nicht besser arrangieren können: Die Spiegelung war perfekt. (Wir haben sie absichtlich kopfstehend montiert.) Im von Algen und Humus tiefschwarz gefärbten Wasser spiegelten sich an diesem windstillen Morgen nicht nur der umliegende Wald, sondern auch die Southern Alps mit *Mount Cook* und *Mount Tasman*. Man muß allerdings früh aufstehen, um bei völliger Windstille ein klares Doppelbild der Südalpen zu erleben.

Zu Fuß hätten wir von Gillespies Beach aus die Holzbrücke über die Lagune nehmen können, um auf dem alten Pferdepfad nach *Okarito* zu gelangen. Mit dem Camper müssen wir den Umweg über Highway 6 nehmen. *Lake Wahapo* ist uns noch in guter Erinnerung. In unserem alten Bildband hatten wir die fast blattlosen Bäume im See als „sterbende Bäume" bezeichnet. Weit gefehlt. Diese *Kahikatea*-Bäume wachsen mit Vorliebe in Sümpfen und Seen. Die bis zu 60 Meter hohen Baumriesen waren wegen ihres geschmacklosen Holzes als Verpackungsmaterial gesucht und fanden bis 1946 für Buttercontainer Verwendung. Nur 2 % des einstigen Bestandes haben den Holzraub überlebt.

Hinter dem See biegt eine kleine Asphaltstraße nach *Okarito* ab. Auf dem Höhepunkt des Goldrauschs hatte Okarito eine Landungsbrücke, 25 Hotels und 1500 Bewohner. Trotz der gefährlichen, sich ständig verändernden Sandbank war Okarito der beste Hafen der Goldküste. Von der alten Hotelpracht ist nichts übriggeblieben (das letzte Hotel brannte 1957 ab). Nur die winzige

*Spiegelpanorama im Lake Matheson*

Jugendherberge, die in einer ehemaligen Zwergschule ein Zuhause gefunden hat, bietet noch ein paar Stockwerkbetten an. Der alte Krämerladen, der 1986 dreimal die Woche geöffnet war, ist heute ein Baudenkmal und wird gerade restauriert. Die einst 33 Läden bedienten 800 Goldgräber. „Jeder, der hier nicht gräbt, verkauft Grog, und jeder der gräbt, säuft fürchterlich", verrät die Chronik in einem kleinen Schaukasten im Bootsanlegerschuppen. Heute zählt Okarito kaum 30 Einwohner: Rentner, pensionierte Goldgräber, Aussteiger und die Schriftstellerin Keri Hulme haben sich hierher zurückgezogen.

Neuseelands bekannteste Schriftstellerin hat Okarito wieder auf die Landkarte gesetzt. 1986 waren wir Keri Hulme bei Bill und Judith, den Nachbarn von nebenan, begegnet. Damals war mir nicht klar, mit wem ich Muscheln aß. Wir tranken gemeinsam eine Menge Whisky und unterhielten uns am allerwenigsten über Literatur. Ich erinnere mich nur noch daran, daß mich diese pfeiferauchende, stämmige Frau sehr irritierte. Ihr Buch *The Bone People*, für das sie ein Jahr zuvor mit dem renommierten *Booker Prize* ausgezeichnet worden war, hatte ich noch nicht gelesen.

Zugegeben: auch mit *The Bone People* (auf Deutsch: Unter dem Tagmond) hatte ich zunächst Probleme. Doch kaum war ich in dieses fein gesponnene Netz von Poesie und Provokation, von Gewalt, Mythen, Liebe und verzweifelten Hoffnungen eingedrungen, konnte ich das Buch nicht mehr beiseite legen und las es in drei aufeinanderfolgenden Nächten durch. Es erzählt die Dreiecksgeschichte eines stummen, mißbrauchten Jungen, eines wilden Maori-Ziehvaters und der Malerin Kerewin.

Keri Hulmes Vorfahren stammen von den Orkney-Inseln, aus dem englischen Lancashire, und auch ein Achtel (dominierendes) Maoriblut ist dabei. Sie versteht sich als Wanderin zwischen den Kulturen und Rassen, als *Te Kaihau* („Windesserin'). Ursprünglich als Kurzgeschichte begonnen, wuchs sich diese Wanderung zwischen den Welten in 12 Jahren zu einem Roman aus, für dessen unveränderte Fassung Keri zunächst keinen Verleger fand. „Änderungen? Unmöglich! Niemals, dann hätte ich das Papier lieber als Türstopper benutzt."

Das Christchurcher Frauenkollektiv *Spiral* konnte die Erstauflage von 4000 Büchern erst finanzieren, nachdem es erfolgreich Geld und Zuschüsse erbettelt hatte. Seitdem wird der Roman mit Literaturpreisen überhäuft. Und viele Leser/innen kommen selbst ins entlegene Okarito, um das Turmhaus der ungeschlachten, fluchenden, saufenden und träumenden Romanheldin zu suchen. Den Turm suchen sie vergebens, aber Keri lebt tatsächlich in einem selbstgezimmerten doppelstöckigen Holzhaus. Draußen warnt ein Schild: „Unbekannte Katzen werden auf der Stelle erschossen!" und zuweilen, wenn die Einzelgängerin nicht auf Besuch eingestellt ist: „Piss off!" Sie will sich nicht verleugnen.

Außen gleicht ihr Haus den anderen Kistenhäusern der Nachbarschaft, im Inneren überrascht ein oktogonaler Raum: Küche, Bibliothek, Wohn- und Arbeitszimmer in einem. „Warum gerade Okarito?" fragen wir sie. Zufall. Sie arbeitete damals auf dem Postamt von Greymouth und fragte im Pub (wo sonst?), ob irgendwo *Crown Land* zum

Keri Hulme, zuhause an der Westküste

Verkauf angeboten wurde. Von 23 Bietern für das Stück Land wurde ihr Name aus dem Karton gezogen und sie kaufte es unbesehen. Irgendwann fuhr sie dann mit ihrem Landrover runter, entdeckte das von (schottischem) Stechginster überwucherte Grundstück und blieb gleich über Nacht im Landrover. Sie wußte: das war's, wovon sie geträumt hatte. Warum? Die Nacht am Meer, der schwarze Strand, der Wind und die Wellen hatten sie überzeugt.

Beim Abschied erwähnt Keri beiläufig *Bait*. Ihr neuer Roman soll in Kürze erscheinen. Er begann als Einzelwerk und entwickelte sich zur Trilogie. Zurück in Deutschland entdecke ich eine Notiz aus meinem Tagebuch von 1986: Damals beim Abschied erzählte Keri beiläufig, daß sie gerade mit einem neuen Roman begonnen habe: *Bait* (Köder) solle er heißen.

Vielleicht (ich habe das Buch noch nicht gelesen) hat der Romantitel ja auch etwas mit *Whitebait* zu tun, dieser Delikatesse, für die auch Keri stundenlang mit einem Köchernetz im Wettlauf mit hunderten von Konkurrenten durch die Brandung stapft, um vielleicht einen Schwarm dieser winzigen, fast durchsichtigen Fische zu erwischen.

Auch wir haben eine Whitebait-Geschichte zu erzählen. Hinter Fox durchschneidet der Highway einen Wald hochwachsender Rimu- und Kahikatea-Bäume. Inmitten der schnurgeraden Straßenachse fühlt man sich wie in einem grünen Tunnel. Das muß im Foto festgehalten werden. Wir halten neben einem einsamen Haus am Ende des ‚Tunnels'. Während Karl fotografiert, komme ich mit der Frau im Vorgarten ins Gespräch. Oder besser gesagt, die alte Dame zieht mich allzugerne hinein und unterbricht dafür ihre bisherige Beschäftigung: Holzhacken. Seit ihr Mann vor ein paar Jahren gestorben ist, lebt die 70jährige allein. Die Nachbarn besorgen für sie den Einkauf oder nehmen sie mal mit *into town*, ansonsten ist sie auf sich allein gestellt. Das Ehepaar war vor vielen Jahren mit dem Straßenbau hierher gekommen, später arbeitete Mary für das ‚Fox-Hotel' und zuweilen auch für einen Farmer, der *Sphagnum*-Moos in den Wäldern erntete und für 13 NZ$ pro Pfund nach Japan verschiffte. Das war lange Zeit ein guter Broterwerb an der Westküste.

Und irgendwann kommt das Gespräch auf Whitebait. Die Saison ist zwar schon lange vorüber, aber Mary erzählt immer noch begeistert, wie sie mit ihrem weiten Köchernetz an einem fest angestammten Platz an einer Flußmündung nach den winzigen *inanga* Ausschau hält. Sie hat ein paar farbige Bretter und Steine im seichten Uferwasser verteilt, damit sie die fast durchsichtigen, nur 3–5 cm langen Winzlinge überhaupt bemerkt, wenn sie an ihrem festen Stammplatz vorbeiziehen. Sonst erwischt die Delikatesse womöglich John oder Chris ein paar Meter weiter. Die Schwärme ziehen im Frühjahr ganze Heerscharen von Gourmets an. Ob wir schon einmal Whitebait gegessen haben? Nein? Wirklich nicht? Schon eilt Mary in die Küche, um aus der Tiefkühltruhe einen Kiloblock herauszufischen. Silbrige, durchsichtige Fäden mit starren gelbschwarzen Augen. „Die könnt ihr euch heute abend selbst braten. Wißt ihr – im Restaurant kosten zwei kleine Whitebait-Küchlein als Vorspeise schon 7.50 Dollar."

Hokitika, alte Goldgräberstadt, Westküste

Bei der bloßen Erwähnung von *whitebait* hört jeder hier an der Westküste hin. Selbst dann, wenn die Delikatesse tiefgefroren ist. „Nimm einfach ein Ei, etwas Mehl, eine Prise Salz und eine Handvoll Fische", beginnt Bill, der Herbergsvater von Okarito, seinen Einführungskurs in Sachen Whitebait und greift schon nach der Pfanne. In reichlich Butter wird die Masse bei schwacher Hitze angebraten und sofort serviert.

Wir fahren weiter in Richtung Norden. *Hokitika*. Prince Charles, so hören wir im Radio, war gestern hier. An einem Schuppen vor der Stadt wirbt ein Bild vom Eiffelturm für das ‚Café de Paris'. Zu Zeiten, als Hokitika Goldgräberhauptstadt der Westküste war, lockte ein elegantes ‚Café de Paris' in der Hauptstraße. Das Haus ist längst abgebrannt. Dafür ist der Besitzer des neuen mit Designermöbeln gestylten Cafés sogar Franzose. „Gestern hat Prince Charles hier gespeist", flüstern die Leute am Nachbartisch und fragen verschämt die Kellnerin: „Was hat er denn gegessen?" Ich habe die Antwort vergessen. Ich weiß nur: wir hatten Whitebait-Omelette und Sprossensalat, dazu einen wunderbaren Café au lait. Nebenan strömt eine Busladung Touristen in ein Greenstone-Geschäft, um sich das Schneiden und Schleifen der Jade anzusehen – und um sich mit ein paar Souvenirs für Zuhause einzudecken. Seit ein paar Jahren ist Hokitika die Greenstone-Hauptstadt des Landes.

Weiter nordwärts. *Pancake Rocks*. Die Felsklippen über der *Tasman Sea* sehen einer Riesenlage Pfannkuchen tatsächlich nicht unähnlich. Die Felsen heißen in der Maorisprache *Punakaiki* (‚auf dem Haufen liegend'). Zeit, Wind und Wasser haben die Stärken und Schwächen verschiedener Kalksteinschichten herausgearbeitet. Bevor man die Felsen zu Gesicht bekommt, hört man schon das Donnern der Brandung, die sich in riesigen Höhlen und Grotten bricht und bei heftigem Sturm fontäneartig nach oben durch die *blow holes* schießt.

Vor 10 Jahren wurde noch erbittert darum gekämpft, ob die Urwälder im Hinterland der Steilküste abgeholzt werden dürften oder nicht. Mittlerweile entstand hier Neuseelands jüngster Nationalpark. Im *Paparoa-National Park* sollte man nicht nur wegen der ‚Pancakes' Halt machen. Vom Park Centre aus ist man in wenigen Minuten im Regenwald, die Auswahl reicht von einer Tageswanderung bis zu kurzen Rundwegen.

Hier im Norden der Westküste schließt sich der Kreis unserer Reise. Etwas weiter nördlich, in der *Golden Bay*, begann auch die ‚europäische' Geschichte dieser Inseln im Pazifik. Damals, am 13. Dezember 1642, als Abel Janszoon Tasman mit seinen Segelfregatten *Zeehaen* und *Heemskerck* die Westküste entlang nach Norden segelte und der Holländer seine ersten Eindrücke ins Bordbuch notierte: „eine große, hoch aufragende Landmasse". *Staten Landt* nannte er die Entdeckung. Zunächst vergessen, wurde später daraus *Nova Zeelandia* oder *Nieuw Zeeland*. Neuseeland.

Wasserfall, Routeburn Track, Westland

Farmhaus an der Landstraße zum Arthur's Pass

# Fotografie

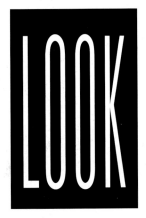

**DIE BILDAGENTUR DER FOTOGRAFEN GMBH**

Aldo Acquadro
Hauke Dressler
Heinz Endler
Erwin Fieger
Max Galli
Christian Heeb
Karl Johaentges
Bernhard Limberger
Rainer Martini
Bernd Müller-Janssen
Karl-Heinz Raach
Hellmut Rüffler
Ulli Seer
Janos Stekovics
Martin Thomas
Florian Werner
Uli Wiesmeier
Konrad Wothe

Fraunhoferstraße 5
80469 München
Tel. 089 / 260 63-20 o. 21
Fax 089 / 260 63 22

Als ich 1985 begann, Neuseeland für einen Bildband zu fotografieren, beeindruckten mich besonders die Bildbände des neuseeländischen Fotografen Robin Morrison *(South Island – From the Road* und *Sense of Place).* Der 1993 im Alter von nur 49 Jahren verstorbene Fotograf verstand es meisterhaft, besondere Menschen in ihrer typischen Umgebung, vergessene Ortschaften und Verlorengeglaubtes aufzuspüren und abzulichten. Die Art, wie ich Fred und Myrtle in Bluff fotografierte, habe ich seiner Sichtweise zu verdanken. Auch die Fotografie von Andris Apse und von Craig Potton, Neuseelands besten Landschaftsfotografen (letzterer ist auch sein eigener Verleger wie ich), hat mich zu Höchstleistungen angespornt.

1985 hatte ich eine nagelneue *Leica*-Ausrüstung im Gepäck. Seitdem fotografiere ich fast ausschließlich mit der *Leica* und möchte sie wegen ihrer Robustheit, ihrer optischen Qualität und der schnellen und präzisen Lichtmessung per Spot nicht mehr missen. Ich arbeite mit Brennweiten zwischen 19 mm und 280 mm. Meist fotografiere ich aus der Hand, nur bei schwierigen Lichtverhältnissen und sehr langen Brennweiten verwende ich ein Stativ, häufig ein kleines *Leica*-Tischstativ (das ich immer bei mir trage) oder ein *Gitzo-Reporter*. Mein Standardobjektiv ist ein 28-mm-Weitwinkel, im Telebereich arbeite ich bevorzugt mit 180 mm. Meine ‚Leichtausrüstung' für Wanderungen (zwei Leica-RE-Gehäuse ohne Winder, Tischstativ und Objektive der Brennweiten 19, 28, 90 und 180 mm) bringt samt einer Hüftnierentasche (ohne Filme) immerhin knapp vier Kilo auf die Waage.

Neuseeland ist ein Traum für Fotografen. Das besonders intensive Licht der südlichen Hemisphäre zeichnet die Landschaften in ungeahnter Plastizität. Die extremen Lichtkontraste und harten Schatten machen das Portraitieren von Menschen allerdings sehr schwierig. Das vielzitierte Ozonloch, verbunden mit der extrem geringen Luftverschmutzung läßt eine hohe UV-Strahlung durch die Atmosphäre, die sich nicht nur auf der Haut, sondern auch auf dem Film bemerkbar macht. Die UV-Strahlen erzeugen eine auffallende Blaustichigkeit und wegen ihrer unterschiedlichen Lichtbrechung auch eine Unschärfe auf dem Film. Für sonniges Wetter reicht deshalb ein normaler UV-Filter nicht mehr aus. Starke Skylight-Filter (z. B. KR 1,5 bzw 81A) oder ein Polarisationsfilter sind ein Muß.

Ach ja, fast hätte ich Ben vergessen. Das ist der Junge mit der Gottesanbeterin auf der Nase (Seite 103). Ein Beispiel. Bei vielen meiner Bilder von Menschen, die ich über Jahre gemacht habe, frage ich mich von Zeit zu Zeit: Was wird wohl aus ihm/ihr geworden sein? Den damals achtjährigen Ben traf ich 1983, als ich für Ian Athfield eine Schule in Hastings fotografierte. Aus Deutschland schickte ich Ben einen Kalender mit seinem Bild, erhielt allerdings nie eine Antwort. 1994 suchte ich mir seine Nummer aus dem Telefonbuch – und rief einfach mal an. Das Kalenderbild war angekommen, hing gerahmt im Wohnzimmer, und auch Ben hatte den Fotografen von damals nicht aus dem Gedächtnis verloren. Ein Blick in sein Zimmer offenbarte: Der aufgeweckte Teenager, der kurz vor dem Schulabschluß steht, interessiert sich heute eher für gutaussehende Mädchen denn für Insekten, wohnt mit seiner Mutter in einem Haus direkt am Meer und träumt von einer Reise nach Europa...

# Tips

## Wandern

*Tramping* nennen die Neuseeländer ihre beliebteste Freizeitbeschäftigung. Die Naturschutzbehörde, das *Department of Conservation* (familiär auch DOC gerufen) unterhält Tausende von Kilometern Wanderpfade und Hunderte von Hütten in dieser Nation von Outdoor-Fanatikern. Zur Zeit bietet der Inselstaat 12 Nationalparks, 3 Meeresparks, 20 *Forest Parks* und 4000 *Reserves*. Mit anderen Worten: 20 % der Fläche Neuseelands sind geschützt. Es ist die *Wilderness*, die das Wandern in diesem Naturparadies im Südpazifik so attraktiv macht.

Die in diesem Bildband vorgestellten Tracks sind neben dem *Kepler*, dem *Whanganui River*, dem *Rakiura* (Stewart Island), dem *Heaphy* und dem *Urewera* als *Great Walks* zusammengefaßt. Übernachtungspreise in den Hütten liegen je nach Ausstattung (Kategorie) zwischen 8 NZ$ und 14 NZ$. Von Oktober bis Mai sind die *Great Walks*-Hütten von Rangern besetzt. Alle Hütten bieten Toiletten, Wasser und Schlafplätze auf Matratzenlagern. Kochgeschirr muß mitgeführt werden, für Hütten der Kategorie II und III auch Gaskocher. Mülltonnen gibt es nicht. Was man hineinbringt, trägt man auch wieder heraus. Buchungen sind nicht möglich, die Schlafplätze werden nach der Regel „First come, first served" verteilt. In der Hochsaison Dezember–Januar ist es ratsam, wegen des starken Andrangs ein eigenes Zelt und Isomatten mitzuführen.

In Neuseeland gibt es in jeder Buchhandlung eine Reihe englischsprachiger Wanderführer („101 Great Tramps of New Zealand", „Top Ten Tracks of New Zealand", etc.) Auch die sehr detaillierten und handlichen Broschüren von Philip Temple („The BP-Guides", ca. sechs NZ$) über die bekanntesten Tracks sind zu empfehlen. Das DOC gibt zu allen Wanderungen ausführliche Faltblätter heraus, die grobe Wegbeschreibungen, Übersichtskarten mit Entfernungsangaben und Schwierigkeitsgraden enthalten. In den DOC-Shops, den Park Visitor Centre und lokalen Buchhandlungen sind auch die notwendigen Karten im Maßstab 1:50.000 bzw. 1:80.000 erhältlich.

Department of Conservation (DOC)
P.O. Box 10-420, Wellington

## Unterkunft

In Neuseeland ist der Tourismus auf Wanderlust eingestellt. Wohl in keinem anderen Land dieser Erde gibt es ein so gut ausgebautes System von Wanderhütten, Campingplätzen und Shuttle-Busverbindungen zwischen den Parks und Tracks. Bezüglich Unterkunft werden zwischen Luxus-Lodges und Jugendherbergen alle Preis- und Komfortkategorien geboten. Als preiswerte Unterkünfte für Rucksacktouristen haben sich die *Backpacker Hostels* (gemütliche, familiäre Privatherbergen mit Kochgelegenheit und eigenem Zimmer) etabliert. Man zahlt zwischen 10 und 15 NZ$ pro Nacht und Nase. Die komfortablen Campingplätze bieten nicht nur Stellplätze für Camper, sondern auch preiswerte Cabins mit Matratzenbetten (ca. 30 NZ$ für 2 Personen pro Nacht). Diese *Motorcamps* sind häufig mit Waschmaschinen und Trocknern ausgestattet. Die großzügigen Gemeinschaftsküchen verfügen über Gasherde und Kühlschränke und zuweilen auch über Toaster und Microwelle. Pro Zeltplatz sind zwischen 8 und 14 NZ$ zu zahlen, für Stellplätze mit Stromanschluß sind etwa 10 NZ$ zu zahlen.
(Kurs: 1994/95 entsprach 1 DM etwa 1 NZ$).

## Reisezeit

Als beste Reisezeit für Neuseeland möchten wir Mitte Februar bis Ende April empfehlen, weniger die Monate Dezember und Januar. Denn der neuseeländische Hochsommer lockt nicht nur ausländische Touristen. Die Parks und Tracks sind wegen der neuseeländischen Schulferien oft hoffnungslos überlaufen, die Campingplätze überfüllt. Wohnmobile müssen in dieser Zeit bis zu einem halben Jahr im Voraus gebucht werden. Im neuseeländischen Herbst sind die Temperaturen noch ausreichend zum Baden, und das Wetter ist stabiler als im Sommer, die Fernsicht besser. Und von unschätzbarem Wert für die Reisekasse: die Preise liegen ab April unter dem Niveau der Hochsaison.

## Anreise/Flug

Die Flugpreise sind je nach Stopover, Fluggesellschaft und Route sehr unterschiedlich. Allerdings sollte man bei einem 30-Stunden-Flug nicht nur auf den Preis achten. Die Ost- und Westrouten sind etwa gleich lang, die Route über die USA ist bezüglich Schlafzeiten angenehmer. *Air New Zealand* bietet auf der Route über die USA (L.A. und Hawaii) auch einen besonderen Service: pro Person können bis zu 64 Kilo Gepäck (max. 2 Gepäckstücke) aufgegeben werden.

## Gesundheit

Es gibt in Neuseeland weder gefährliche Raubtiere, noch Giftschlangen. Die ‚Feinde' beim Wandern sind unscheinbar klein. Zunächst die winzigen *sandflies*. Mittel gegen diese Plagegeister, deren Stiche noch nach Tagen jucken, werden überall angeboten. Wirkungsvoll wie gutriechend war *TUI*, eine Mischung aus Olivenöl und Citronella eines Ökoproduzenten aus *Takaka*.

Noch gefürchteter als die Sandfliege ist *Giardia*. Schon beim Namen zuckt so mancher Kiwi zusammen. *Giardia duodenalis* ist ein mikroskopisch kleiner Parasit, der sich im Darmbereich festsetzt und zu übelriechendem Durchfall und Darmkrämpfen führt. Er gelangt über das kristallklare Wasser selbst entlegener Bergbäche in den Körper.

Übertragen wird er von diversen Säugetieren und auch den unkontrollierten, massenhaften

Stoffwechsel von uns Touristen. Mit einer Million Besuchern pro Jahr ist der Druck auf Neuseelands Wildnisparks enorm hoch. Vor acht Jahren verschwendete ich noch keinen Gedanken daran, Wasser aus einem Gebirgswasser zu trinken. Es ist paradox. Im Regenwald oder in alpinen Zonen, selbst in den entferntesten Winkeln dieser von Industriemüll weitgehend verschonten Pazifikinsel warnen heute in jeder Hütte unübersehbare Informationstafeln vor dem Genuß des so geschätzten Wassers. Es sollte nur abgekocht (3 Minuten) oder chemisch behandelt getrunken werden.

## Transport

Mehrere Transportgesellschaften *(InterCity, Newmans, Mount Cook Landline)* erschließen das Land mit einem erstaunlich umfangreichen Busstreckennetz, mit dem selbst entlegene Gebiete an der Westküste zu erreichen sind. Die Gesellschaften bieten sogenannte *Travel Pass* für Zeiträume zwischen 7 und 33 Tagen an. Die Preise bewegen sich um 360 NZ$ (7 Tage) bis 550 NZ$ (33 Tage). Der Paß muß in der Regel vor Antritt der Reise in Übersee erstanden werden.

## Wohnmobil

Die großen Wohnmobilverleiher haben auf dem Flughafen in Auckland bzw. Christchurch Buchungsschalter und bieten Camper aller Preis- und Komfortkategorien an – da entscheidet das Budget. Falls Sie nicht schon in Deutschland buchen (für die Sommersaison absolut notwendig), können Sie bei Ankunft vor Ort nach Preisvergleich entscheiden.

Diese Freiheit, sein eigenes ‚Hotel' ohne Fahrplan und Reservierungen dort zu parken, wo es gefällt, ist ‚unbezahlbar' und hat ihren Preis: 144 NZ$ am Tag kostete der kleine komfortable 2-Bett-*MAUI*-Camper, mit dem wir mehr als zwei Monate unterwegs waren. Das reißt Löcher in die Reisekasse, aber wir wissen um eine Alternative: Planen Sie Ihre Reise ans andere Ende der Welt nicht während der Hochsaison, sondern im Herbst (siehe Reisezeit). Ab Mai fallen die Tagesmieten eines solchen Wohnmobils (bei Mietdauer von 28 Tagen) um mehr als die Hälfte. Es empfiehlt sich auch, den Camper in Auckland abzuholen und in Christchurch auf der Südinsel wieder abzugeben. Als wir 1986 bei *MAUI* in Auckland einen Camper ausliehen, übergab uns Eigentümer Chris Alpe noch persönlich die Wagenschlüssel. Heute ist aus der kleinen Verleihfirma die größte im Pazifik geworden.

Empfehlenswert ist das aktuelle Motorcamp-Verzeichnis der *CCA (Camp & Cabin Association of New Zealand)*. Das Verzeichnis ist vor Ort auch über die Büros der *Automobile Association AA* (Auckland Tel: 09-3 77 46 60) zu bekommen.

## Reiseinformation

Über das *Neuseeländische Fremdenverkehrsbüro* erhalten Sie auf Anfrage neben einer Karte und einem allgemeinen Reiseplaner auch ein AA-Unterkunftsverzeichnis (12,- DM). Falls Sie nicht auf eigene Faust losfahren bzw. wandern wollen, können Sie in der Broschüre „Veranstalter auf einen Blick" nach einem geeigneten Partner Ausschau halten. Ein besonders umfangreiches und durchdachtes Tourenprogramm bietet der Reiseveranstalter *KIWI TOURS* in München an. Tel: 0 89-36 70 39.
Neuseeländisches Fremdenverkehrsbüro
Friedrichstraße 10-12, 60323 Frankfurt
Tel: 0 69-97 12 10

# Literatur

**Unter dem Tagmond**, Keri Hulme
Fischer Verlag
**Ein Engel an meiner Seite**, Janet Frame
(drei Bände ihrer Autobiografie), Piper Verlag
**A History of New Zealand**
Keith Sinclair, Penguin Books
**Geo-Special NEUSEELAND**
Gruner & Jahr, Hamburg
**NEUSEELAND**, Peter Hinze
Nelles Verlag, München
**APA-Guide NEUSEELAND**
RV Reise- und Verkehrsverlag
**Neuseeland**, Bruni Gebauer, Stefan Huy
Vista Point Verlag, Köln
**Reiseführer Natur Neuseeland**
Matthias Schellhorn, BLV-Verlag
**Neuseeland - Richtig wandern**
Stefan Gabel, Dumont Verlag
**Wandern in Neuseeland**
Conrad Stein, Conrad Stein Verlag
**NEUSEELAND - Ein Reisehandbuch**
EXpress Edition, Berlin

In Neuseeland werden natürlich auch zahllose Bildbände und Reiseführer in englischer Sprache angeboten. Herausragend bezüglich Bildqualität und Fotografie sind die Bände des neuseeländischen Fotografen (und Verlegers) Craig Potton. Craig setzt sich nicht nur führend für den Schutz der neuseeländischen Nationalparks ein, er gilt auch als einer der besten Landschaftsfotografen des Landes. Seine Bildbände, seine ‚umwerfenden' Poster, seine Kalender und Postkarten sind in vielen Buchhandlungen und DOC-Shops zu erwerben.

**Above New Zealand** (Luftbildband, engl.)
Craig Potton, Potton Publishing (in Deutschland über KaJo-Verlag zu beziehen)

**South Island & North Island** (zwei sehr ausführliche Reiseführer in engl. Sprache), Diana & Jeremy Pope, Mobil NZ Travel Guide.

# Danke

Für die tatkräftige Unterstützung dieses aufwendigen Buchprojekts möchten wir folgenden Personen, Firmen und Institutionen besonders danken: Petra Lange, Constanze Busch, Jenny Burgess vom *Neuseeländischen Fremdenverkehrsbüro* in Frankfurt (für die Unterstützung und Vorbereitung), Debbie Otley vom *New Zealand Tourism Board* in Wellington (für die großartige Betreuung vor Ort), *Air New Zealand* (für den bequemen Flug ans andere Ende der Welt) und *MAUI Campers* (die uns mit ihrem Wohnmobil die nötige Reisefreiheit boten). Dank auch an das *DOC (Department of Conservation)* in Auckland, an Brian Mosen vom *CCA (Camp and Cabin Association)*, *Whale Watch* in Kaikoura und New Zealand Rail. Leica möchten wir an dieser Stelle ausdrücklich für den Service und den raschen Ersatz eines gestohlenen Objektivs danken. Dem Fotografenkollegen Craig Potton und Verlagsmanager Robbie Burton danken wir für ihre Anregungen und für die kreative Zusammenarbeit.

In Neuseeland sind wir immer wieder auf eine überwältigende Gastfreundschaft und Hilfsbereitschaft gestoßen. Allen, die uns bei unseren Reisen mit so viel Herzlichkeit begegnet sind, möchten wir an dieser Stelle ebenfalls danken:

Ian und Clare Athfield, Wellington; Andris and Jenny Apse, Rangiora; Barry Brickell, Coromandel; Ben Chorley, Te Awanga; Judy & Bill Clarkson, Flax Hills, Kaikoura; Rex & Dorothy Craw, Banks Peninsula; Dick Deaker und Jeff Carter, Te Anau; Fred and Myrtle Flutey, Bluff; Leon und Bron Hagenaars, Raglan; Dan Hansen und Freunde, Wilderland, Keri Hulme, Okarito; Friedensreich Hundertwasser, Bay of Islands; Jack's Place, West Coast (für das wunderbare Brot); John, Donna und Freunde, Ruatoria; Mary Pearse, West Coast; Judith Maloney und Bill Minehan, Okarito; Ray und Lesley Searle, Auckland; Mark und John Shaw, Gillespies Beach; Ian Sowden und seiner Crew, Glenaray; Bill Tawhai, Te Kaha; Jo, Biz und ihre Boys, Portobello; Gus Watson, Queenstown.

Nicht zuletzt möchten wir allen danken, die so engagiert bei der Herstellung dieses Buches mitgeholfen haben. Ortrud danken wir für ihre Textanregungen, Gertrud Kortlang für die Korrekturen. Jens, Timm Kusch und Jörg Buch für die gute Litho, Werner Lembke für die Montage, Helmut Reinholz und Karl-Heinz Wehrmann für den ausgezeichneten Druck. Und zum Schluß ein besonders herzliches Dankeschön an Klaus. Er weiß schon warum.

Foto: Karl-Heinz Raach

## Karl Johaentges,
geboren 1948 in Daun/Eifel.

Nach einer fünfjährigen Tätigkeit als Architekt in Hannover startete er 1981 („Jetzt oder nie!") zu einer dreijährigen Weltreise, in deren Verlauf er auch in Japan, Indien, Hongkong, Australien und Neuseeland als Architekt tätig war. Nach diesen ‚architektonischen und fotografischen Wanderjahren' brachte Karl Johaentges 1985 im eigenen **KaJo-Verlag** den vielbeachteten Bildband *Bilder einer Weltreise* heraus. 1986 folgte in Zusammenarbeit mit seiner australischen Partnerin Jackie Blackwood das BilderLesebuch *Lissabon–Hongkong* – mit der Eisenbahn, für das sie erstmals mit dem Kodak-Fotobuchpreis ausgezeichnet wurden. Diesen wichtigsten Buchpreis für verlegte Fotografie in Deutschland erhielt Karl Johaentges 1990 auch für seinen Bildband *Bilder aus Irland*. 1991 erschien ein Bildband mit überraschend neuen Perspektiven: *Mit dem Ballon über Ostdeutschland*. Mittlerweile erschienen ein weiterer Luftbildband *Über Norddeutschland* und der Länderband *Bilder aus Schottland*. Den Beruf des Architekten hat Johaentges seit Jahren an den Nagel gehängt und arbeitet heute vor allem als Verleger und freier Fotograf in Hannover. Seine Reportagen wurden in zahlreichen deutschen und ausländischen Magazinen veröffentlicht. Die Palette seiner fotografischen Arbeit reicht von der Reportage, People und Länderporträts bis hin zur Architektur- und Luftbildfotografie. 1990 gründete Karl Johaentges mit 18 weiteren Fotografen *LOOK – die Bildagentur der Fotografen* in München. Er ist Mitglied im *BFF (Bund Freischaffender Foto-Designer e.V.)*.

## Jackie Blackwood,
geboren 1959 in Schottland.

Im Alter von 18 Monaten wanderte sie mit ihren Eltern als 10-Pound-Tourist nach Australien aus. Während ihres Literaturstudiums unterrichtete sie für zwei Jahre Schulkinder auf abgelegenen Farmen im Outback Australiens. Bevor sie 1984 zu einer mehrjährigen Weltreise aufbrach, leitete sie in Perth (Westaustralien) eine Buchhandlung. Von Asien kommend erreichte sie 1985 Deutschland und blieb in Hannover hängen. Zusammen mit dem Fotografen realisiert sie seitdem zahlreiche Buchprojekte. Sie lebt und arbeitet in Hannover und träumt von einem Häuschen am anderen Ende der Welt.

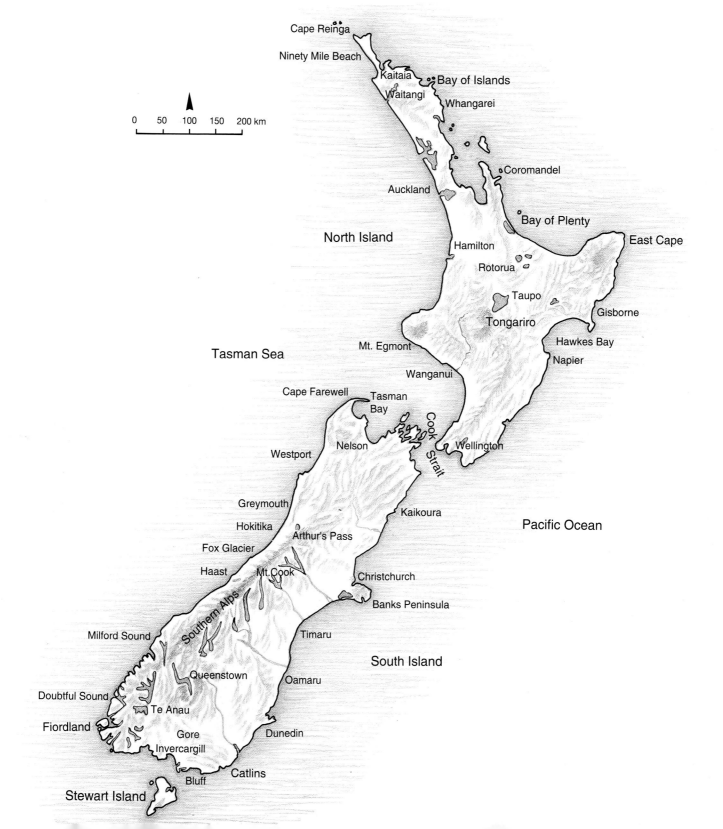